왕따, 이렇게 해결할 수 있다

왕따, 이렇게 해결할 수 있다

초판 1쇄 인쇄   2012년 9월 13일
초판 1쇄 발행   2012년 9월 25일

지은이   문재현 외
펴낸이   김승희
펴낸곳   도서출판 살림터

기획   정광일
편집   조현주
북디자인   구화정 page9
인쇄·제본   (주)현문
종이   월드페이퍼(주)

주소   서울시 마포구 서교동 395-27
전화   02-3141-6553
팩스   02-3141-6555
출판등록   2008년 3월 18일 제313-1990-12호
이메일   gwang80@hanmail.net

ISBN   978-89-94445-29-8   03370

※ 가격은 뒤표지에 있습니다.
※ 잘못된 책은 바꿔드립니다.
※ 이 책은 저작권법에 의하여 보호를 받는 저작물이므로
   무단 전재와 복제를 금합니다.

평화샘 프로젝트 3
왕따 해결 매뉴얼의 모든 것

왕따 없는 학교 만들기

왕따, 이렇게 해결할 수 있다

문재현 외 지음

살림터

머리말

왕따,
사람을 죽음의 길로 내모는
폭력

 한적한 어촌에 한 젊은이가 내려왔다. 도회지 생활에 싫증을 느껴 자기가 좋아하는 바닷가에서 고기 잡으며 살기 위해서였다. 먼저 고기를 잡기 위한 그물을 마련했다. 80미터짜리였다. 그런데 배를 타고 바다에 나가서 아무리 그물을 던져도 고기들이 잡히지 않았다. 열 번 던지면 한두 번 고기가 잡히는데 그때도 몇 마리가 그물 안에서 파닥거릴 뿐이었다. 그래서 경험 많은 다른 어부들은 어떤 그물을 사용하는지 살펴보았더니 모두 100미터가 넘는 그물을 사용하고 있었다. 그 바닷가에는 물고기들이 100미터 밑에서 헤엄치고 있었기 때문이다.

 2012년 6월 대구에서 축구동아리 활동을 하던 고등학생이 또다시 자살을 하자 많은 기자들이 인터뷰를 청해 왔다. 정부가 그렇게 많은 대책을 내놨는데도 학생들이 계속 죽어가는 것은 무엇 때문이냐는 질문이 많았다. 앞의 이야기는 그때 기자들에게 해준 이야기이다. 여기서 어리석은 어부는 교육당국을 의미하고 그물은 학교 폭력에 대한 정부 대책이다. 어부가 헛그물질을 계속할 수밖에 없듯이 정부의 대책 역시 본질적인 부분을 놓치고 있기 때문에 문제가 해결될 수 없는 것이다.

정부는 위기 청소년 문제, 학원에서의 폭력 문제, 기숙사 폭력 문제 등 여러 가지를 놓치고 있지만 가장 심각한 것은 왕따에 대한 대책이 없는 것이다. 지난 1월 학교 폭력 전수조사가 있었는데 그때에도 왕따 문제는 항목에 없었다. 학교 폭력으로 인해 자살하는 아이들 중 대다수가 왕따 때문인데도 왕따에 대한 조사 의지도 거기에 대한 대책도 없다면 문제가 해결되는 것이 오히려 이상한 게 아닌가?

이웃나라 일본의 경우 매년 이지메에 대해 조사를 하고 있는데, 2010년에는 7만 7,630건의 이지메가 보고되었다. 누가 이지메를 당하는지, 그래서 학교와 담임교사들이 어떻게 도와야 하는지, 기본적인 자료를 정부 차원에서 확보하고 있는 것이다. 그런데도 이지메 건수는 계속 증가하고 있다. 최근에는 지속적으로 반 친구들에게 자살을 강요당하다가 자살하는 사례가 발견되어 이지메 문제의 심각성이 드러나고 있다. 일본 사회가 이지메 문제를 해결하지 못하는 것은 무엇보다도 학교와 교육당국이 은폐하거나 소극적으로 대처하기 때문이다. 대다수의 학교는 이지메 피해자를 전학시키는 것으로 문제를 해결하려고 한다. 이는 이지메가 문제가 아니라 이지메가 드러나면 면학 분위기를 해치고 학교 명예가 훼손되는 것이 문제라는 교육 관료와 교사의 인식 때문이다.

일본의 사회문화도 원인 가운데 하나인데 이지메를 당하는 아이는 못난 아이로, 집단생활에 적응하지 못하는 문제아로 보고 그 책임을 피해자에게 돌리고 있기 때문에 피해자는 위축될 수밖에 없다. 게다가 일본 정부는 분명하고 효과가 검증된 이지메 대처 매뉴얼을 마련하지 못하고 있다.

우리 사회 역시 일본과 상황이 다를 바 없다. 학교당국은 왕따를 드러내어 해결하려고 하지 않고 사회 인식도 왕따 문제의 심각성을 따라잡지 못하고 있다. 더 심각한 것은 교육부가 왕따 문제가 발생했을 때 피해자의 입장에서 해결하려는 태도를 보이지 않는 것이다. 우리 연구소의 교사연구원이 청주의 한 초등학교에서 왕따 문제를 해결하려고 했을 때 가장 심각한 장애물로 작용한 것이 교육부의 무책임한 태도였다. 교육부는 왕따 문제를 은폐하려고 하는 학교와 가해자 부모의 편에 서 있었고, 피해자를 보호하려는 어떠한 의지와 노력도 보여주지 않았다. 교육부와 교육청이 그런 태도를 취하자, 학교 측에서는 왕따 사안이 분명한데도 학교폭력대책자치위원회에서 그것이 폭력이 아니라는 결정을 내렸다. 이어진 보복 폭행에 대해서도 단순 폭행이라고 주장하더니, 학교폭력대책자치위원회에서는 역시 불처분 결정을 내렸다. 교육부와 학교 관리자들이 앞장서서 왕따를 당하는 아이의 경험과 요구, 권리를 부정하는 것이다. 이렇게 학교와 교육부가 왕따를 해결하려는 의지도 대책도 없이 소극적인 태도를 보이거나 은폐한다면 왕따는 더 심해질 수밖에 없다.

이런 상황에서 우리 사회가 어떻게 왕따 문제를 다루어야 할까?

왕따 문제를 해결하기 위해서는 두 가지 일반적인 전제가 있다.

하나는 사회 전체의 왕따 문제에 대한 인식의 제고이다. 사람은 자기가 살고 있는 공간에서 인정이나 공명 반응을 얻어야만 살아갈 수 있다. 아이가 교실 문을 열고 들어설 때 반갑게 맞이하는 친구가 있고, 즐겁게 말을 걸 수 있을 때 스스로의 존재 의의를 느낄 수 있으며 다른 사람과 함께 사는 느낌을 가질 수 있다.

아무에게도 환영받지 못하고 무시당하고 죽어버리라는 야유까지 받는다면, 그것은 인간적 삶의 조건을 파괴하는 일이며 한 사람을 죽음으로 내모는 범죄이다. 왕따 현상이 학교뿐만 아니라 직장, 학교, 군대 등 전 사회에 만연해 있기 때문에 이 문제를 해결하기 위한 사회적인 능력은 집단지능이 바탕이 되어야 한다. 우리 사회 구성원 모두가 습득해야 하는 지능이 집단지능이다.

또 하나 중요한 것이 어른들의 개입 의지이다. 왕따 문제가 이렇게 심각한데도 어른들은 서로 책임을 미룰 뿐 함께 마음을 모아서 해결하려는 의지를 보이지 못하고 있다. 그런데 왕따 문제의 원인과 그 양상이 매우 다양하고 복잡 미묘하기 때문에 교사들에게만 그 문제의 해결 방법을 찾으라고 하는 것은 무리이다. 교사, 부모, 상담가, 지역사회 구성원 등 모두의 집중적인 결의와 노력이 필요하다.

마을공동체교육연구소 평화샘 모임에서는 이번에 평화샘 프로젝트 3

『왕따, 이렇게 해결할 수 있다』라는 매뉴얼을 내놓는다. 아이들과 교사들, 전문가가 힘을 합쳐 만든 이 매뉴얼은 이미 교실과 학년, 학교 단위에서 실제적인 적용을 통해서 그 효과를 검증한 것이다.

왕따 문제를 해결하기 어려운 이유 중에 하나는 어른들이 어떻게 개입해야 할지 잘 모르기 때문이다. 많은 사람들이 '잘못 개입했다가 상황이 더 악화되면 어떻게 하나.' 하는 두려움을 느끼고 있다. 따라서 현재 교사와 상담가, 부모들에게 필요한 것은 누구나 쉽게 동의하고 그 효과가 검증된 프로그램 제공이다. 우리는 이 책이 우리 사회 모두가 함께 토론하는 자료가 되고 그 적용을 논의하는 과정에서 우리 사회의 왕따 문제 해결 역량이 높아지기를 기대한다. 이 책을 왕따 문제로 고민하고 있는 교사, 부모, 상담가, 검찰, 경찰, 법관들, 무엇보다도 지금 이 시간에도 왕따를 당하면서 고통받고 있는 많은 학생들에게 권하고 싶다.

마지막으로 이 책을 펴내기까지 거의 매일 출근하면서 노력한 김명신, 김미자, 김백주, 서영자, 이명순 선생님, 청주의 김현숙, 한인경 선생님, 용인의 최진숙, 신용대, 허정남, 장민수, 임성희 선생님, 충주의 임오규 선생님, 그리고 프로젝트 참가 교실에서 함께 프로그램을 진행한 수많은 아이들, 이 책을 펴내는 데 도움을 주신 살림터 정광일 사장님과 편집부 여러분에게 감사를 드린다.

2012년 9월 수곡재에서
평화샘 프로젝트 책임연구원 문재현
(마을공동체교육연구소장)

차례

머리말 왕따, 사람을 죽음의 길로 내모는 폭력 · 5

1장 왕따 문제 해결을 위한 새로운 패러다임 · 12

학교 폭력에 대한 이론적 접근 · 18
가해자-피해자 모델 : 개인적 접근 방법 · 18
가해자-피해자-방관자 모델 : 생태학적 접근 방법 · 22

현실의 모델을 구성하기 위해서 · 27

학교 폭력은 해결 가능하다 · 39

2장 왕따, 왜 힘들까? · 44

교사·학생·학부모의 목소리 · 48
아이들의 목소리 – 전 어떻게 할 수가 없어요 · 48
부모의 목소리 – 어떻게 도와주어야 할지 모르겠어요 · 52
교사의 목소리 – 어떻게 해야 할지 모르겠어요 · 54

왕따 유형 · 59
사회문화적인 요인 · 60
사회경제적인 요인 · 65
신체적인 요인 · 66
학교권력관계(학교문화적인 요인) · 67
평범한 아이들 사이에서 생기는 왕따 · 69

3장 왕따, 어떻게 해결할까? - 왕따 없는 우리 학교 만들기 · 72

왕따 예방 역할극 – 모두가 함께 느끼는 왕따 피해자의 아픔 · 76
왕따 이야기 1 · 76
왕따 이야기 2 · 77
왕따 예방 역할극은 어떻게 할까? · 81

왕따 징후 공동 관찰 프로그램 · 99
  왕따 징후 공동 관찰 · 100
  공동 관찰 후 교사 간담회 · 106
  관찰 후 상담하기 · 108
설문조사와 제보를 통한 왕따 파악하기 · 110
  설문조사 · 110
  제보를 통해 파악하기 · 113
왕따 예방, 부모와 함께하기 · 115
  부모와 왕따 예방 역할극 하기 · 115
  왕따 징후 교사·부모 공동 관찰 프로그램 · 117
사건 발생 시 부모의 대처 방법 안내하기 · 120
  내 아이가 피해자일 때 · 120
  내 아이가 가해자일 때 · 123
  내 아이가 방관자일 때 · 125

4장 왕따 발견 시 대처 매뉴얼 · 128

1) 피해 아이 상담과 진술서 작성 · 132
2) 피해 아이 보호 조치 · 136
3) 피해 아이 부모 상담 · 137
4) 백지 진술서 받기 · 142
5) 학교 구성원에게 알리기 · 148
6) 긴급 교사 모임 · 148
7) 아이들과 왕따 역할극 하고 해결 방안 토론하기 · 150
8) 부모 모임 열기 · 153
9) 지속적인 모니터링 · 154

사례 왕따, 이렇게 해결했어요 · 156

교사들의 협동적 연대가 왕따 문제 해결의 열쇠 · 158
교사들이 협력할 수 없을 때 · 165
교사들이 마음을 모으면 왕따는 해결된다 · 171
최초의 중학교 왕따 역할극 · 190
부모들의 왕따 아이 구출작전 · 200

설문지 · 208
가정통신문 · 230

1장

왕따 문제
해결을 위한
새로운
패러다임

학교 폭력은 엉킨 실타래와 같다. 원인과 결과가 복잡하게 엉켜서 어디서부터 풀어야 할지 난감하게 하는 문제이기 때문이다. 이런 상황에서는 실타래를 성급하게 잡아당기지 말고 섬세하고 치밀하게 현실을 진단하는 것부터 시작하는 것이 중요하다. 올바른 진단 없이 처방이 나올 수는 없기 때문이다. 그런데 남의 잘못을 지적하고 비판하는 일은 쉬운 일이지만 현실의 문제를 진단하고 처방을 마련하는 대안적 논의는 어렵다. 더구나 문제를 해결해야 하는 주체가 자신의 한계를 인정하고 성찰하면서 문제를 극복해야 할 때는 더욱 어렵기 마련이다.

이제 간략하게 한국 학교 폭력의 특징을 진단해보자.

먼저, 학교 폭력에 대한 다양한 연구를 통해 학교 폭력이 주로 같은 반 아이들에 의해 행해지고 있고 괴롭힘이 일어난 장소도 교실이라는 것이 밝혀지고 있다. 연세대 한준상 교수의 연구에 따르면 그 비율이 80% 정도가 된다. 다른 연구에서도 30~60% 정도의 비율로 나타나고 있으며 이번 교과부 전수조사에서는 25% 정도로 나타나고 있다.

학교 폭력은 교실권력관계를 바탕으로 한다는 것도 드러났다. 요즘 아이들 사이에서는 권력구조가 형성되어 있고 그 서열의 정점에 일진이 존재한다. 한 고등학생의 말을 들어보자.

"학교는 절대 평등사회가 아닙니다. 안타깝지만 지금까지는 말이죠. 학교는 그야말로 계급사회입니다. 권력구조는 크게 세 부류로 나눌 수 있습니다. 한 부류는 소위 노는 애들, 또 한 부류는 놀지 않고 평범한 애들, 그리고 마지막 부류는 소심하거나 많이 착하거나 또는 특이하거나 왕따 경험이 있는 애들, 요즘 애들의 표현을 빌리자면 찌질한 아이들로 나눌 수 있습니다."

이러한 교실사회관계 속에서 아이들을 죽음으로 몰고 가는 심각한 폭력이 '왕따'이다. 왕따는 아무나 되는 것이 아니다. 집단이 보호해 주지 않거나 사실상 처분을 맡긴 누군가에 대해 진행되기 마련이다. 아이들은 교실에서 어떤 아이들을 보호하지 않을까? 차이가 있는 아이들이다. 장애, 피부색, 부모의 지위, 옷차림, 성적 등의 차이가 괴롭힘의 원인이다. 차이를 차별로 만드는 기제가 우리 문화 안에 있는 것이다. 왕따 현상을 더 심각하게 만드는 것이 '노는 아이들한테 나대면 당해도 싸다.'라는 아이들 세계의 불문율이다. 요즘 아이들은 일진 아이들을 다른 아이들에 대한 처분권을 가진 존재로 인식하고 있는 것이다.

이처럼 왕따 현상은 일진 문화와 연결되어 있다. 옛날처럼 일부 힘이 센 아이들이 일부 아이에게 고강도의 폭력을 행사하는 것이 아니라, 일진 아이들이 권력관계를 형성하고 유지하기 위해 지속적이고 집요하게 괴롭히는 행동이 왕따로 표현되는 것이다. 90년대 초반에도 '찐따'라는 말은 있었지만 그러한 용어는 주로 노는 아이들 사이에서 사용되었을 뿐 평범한 아이들과 일반사회에서 쓰이지는 않았다. 90년대 중반 이후 왕따 또는 찐따라는 것이 누구나 아무렇지 않게 사용하는 용어가 된 것은 일진 아이들이 그때부터 사실상 학교문화의 주류가 되었다는 것을 보여준다. 그리고 교실에서 왕따를 주도하는 일진 아이들은 학교 밖에서 집단 패싸움이나 성적 일탈, 흡연, 음주를 주도하는 아이들과 일치한다.

이러한 상황이기 때문에 왕따에 대한 대책은 우리 사회와 교실 내부의 차이에 대한 인식과 아이들 사이의 수직적 권력관계를 수평적 관계로 바꾸는 것이 핵심이다. 어른들은 아이들 사회를 가르는 분열과 모순을 정확히 파악해야 한다. 이를 바탕으로 교사와 아이, 부모, 지역사회가 함께 성장할 수 있는 학교 차원의 구체적인 프로그램과 함께 지역사회에서도 아이들을 돌볼 수 있도록 광범위한 복지망을 구축해야 한다.

그런데 현재 정부가 쏟아내는 대책은 지역사회와 주민들을 참여시키지 못하고 있을 뿐만 아니라 교실에도 별다른 영향을 미치지 못하고 있다.

어느 학교 폭력 담당 교사의 말이다.

"집단괴롭힘이 일어나는 곳이 교실인데, 담임교사들이 현장에서 진행할 수 있는 검증된 프로그램을 정부 차원에서 제시하지 않고 있어요. 공문의 내용도 행정적으로 뭘 조사한 결과물을 내라는 것밖에 없고 업무량만 늘었으니 누가 좋아하겠어요? 절차도 문제고, 정책 내용도 그 실효성에 대한 신뢰가 생길 수가 없죠. 교사를 문제 해결의 주체가 아니라 밖에서 닦달해서 내몰지 않으면 안 되는 사람들로 이해하는 것 같아요."

이 교사뿐만 아니라 필자가 만난 대다수 교사들이 그렇게 생각하고 있었다.

정부 대책이 문제 해결에는 별다른 기여를 하지 못하는 반면 학교 구성원들을 힘들게만 하고 있다면 현장에서 수용될 리가 없다. 이러한 신뢰 문제가 생긴 데에는 여러 가지 이유가 있지만, 복잡한 학교 폭력과 관련된 상황을 통찰하고 진단하며 새로운 아이디어를 탄생시킬 수 있는 모델을 정부가 가지지 못한 것도 중요한 이유 가운데 하나라고 필자는 판단한다.

이 책은 학교 폭력에 대한 기존의 모델을 검토하고 우리 사회의 왕따 문제를 제대로 파악할 수 있는 새로운 이론적 모델 구성을 통해 왕따 문제 해결을 위한 비전을 마련하기 위해 쓴 것이다.

학교 폭력에 대한 이론적 접근

가해자-피해자 모델
개인적 접근 방법

가해자-피해자 모델은 학교 폭력에 대한 전통적인 접근 방법이다.

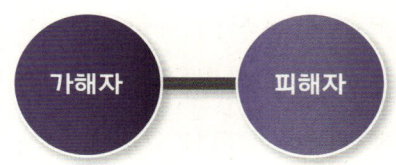

[가해자-피해자 모델]

이 모델은 학교 폭력을 가해자와 피해자의 어떤 특성 때문에 생기는 것으로 본다. 즉 가해자가 공격적인 특성이 있고 피해자는 내성적이고 의존적인 특성을 지니고 있어 학교 폭력이 발생한다는 것이다. 문제를 개인의 특성 때문에 생기는 것이라고 보기 때문에 문제의 해결 역시 개인의 성격을 변화시키거나 피해자의 역량을 강화시키는 것을 중시한다. 가해자에게는 격리·처벌·선도를, 피해자에게는 사회기술 훈련 또는 또래 관계를 증진시키는 프로그램을 처방하는 것이다. 다음 사례를 통해서 실제 상황에서 이 모델이 어떻게 작동하는지 살펴보자.

수철이는 학년 짱이다. 첫날부터 어떤 애를 괴롭힐까 물색 중이다. 그러다가 한성이와 어깨를 부딪쳤다. 한성이는 움찔하면서 약한 모습을 보였다.

드디어 희생양을 발견한 수철이가 100원짜리 동전을 내밀며 말했다.

"야, 이거 가지고 빵 사 와!"

한성이는 수철이의 눈길을 피하며 대답하지 않았다. 옆에 있던 은혁이가 인상을 쓰면서 말했다.

"너 수철이 얘기가 안 들리냐? 귀먹었어?"

수철이가 이번에는 더 큰 목소리로 말했다.

"아나, 찐따새끼야 꼽냐? 빵 사 오라고."

한성이는 기어들어가는 목소리로 말했다.

"100원으로 어떻게 사 와……."

그러자 은혁이가 한성이에게 얼굴을 들이밀며 말했다.

"빨리 사 오라고!"

한성이는 마지못해 수철이가 건네주는 100원을 받아 천천히 발길을 옮겼다.

기영이는 한성이를 손가락질하며 낄낄거리고 웃었다. 재성이는 속으로 재미있다고 생각하며 가끔 바라보았다.

현수는 힐끗 쳐다보고는 다시 책을 읽었다.

그때 상호가 말했다.

"네가 먹을 빵은 네가 사 와야지. 왜 한성이한테 시키냐?"

수철이는 상호의 얼굴을 쳐다보며 주먹을 들어 보였다.

"너 죽고 싶냐? 네가 사 올래?"

옆에 있던 은혁이가 말했다.

"너도 어떻게 되고 싶은가 보지? 네가 갈래?"

상호의 짝꿍 준수는 안타깝지만 무서워서 가만히 앉아 있다.

이러한 상황을 교사들은 어떻게 다룰까?

빵셔틀을 시킨 수철이와 은혁이 그리고 한성이를 불러서 면담하고 훈계하고 화해를 시키려고 할 것이다. 권력관계가 형성되어 있는 교실 관계 전체에서 폭력의 요인을 찾는 것이 아니라 일부 아이들의 공격성이 문제라고 생각한다면 그럴 수밖에 없다. 이렇게 교실에서 일어나는 집단괴롭힘 문제를 가해자, 피해자의 개인적인 관계로 만드는 것이 가해자-피해자 모델의 특성이다.

가해자-피해자 모델의 가장 큰 문제점은 방관자의 역할을 이해하지 못한다는 것이다. 교실에서 괴롭힘 상황이 발생할 때는 가해자, 피해자뿐만 아니라 방관자가 존재한다. 방관하던 친구들이 폭력을 제지하는 방어자로 나선다면 피해자에게는 보살핌을, 가해자에게는 자기 행동을 되돌아볼 기회를 주게 된다. 반대로 주변 친구들이 무관심하거나 재미있는 표정으로 바라본다면 괴롭힘 상황은 지속된다. 때문에 방관자의 역할이야말로 왕따를 해결하는 데 이론적·실천적으로 가장 주목해야 할 지점이다.

　방관자 역할을 이해하지 못하기 때문에 가해자-피해자 모델은 대안적인 행동도 제시하기 어렵다. 괴롭힘 상황에서는 괴롭히는 행동과 괴롭힘을 당하는 행동, 방관하는 행동, 돕는 행동이 있기 마련이다. 이러한 행동 중에서 폭력을 제지할 수 있는 것은 돕는 행동이다. 따라서 학교 폭력에 대한 대책은 학생들에게 친사회적이고 협동적인 행동을 제시해야 하는데 가해자-피해자 모델은 이러한 대안을 제시하기 어렵다.

　또 이 모델의 한계는 가해자나 피해자를 소수로 판단해버리는 오류를 범할 수 있다. 즉 다른 아이들은 문제가 없는데 일부 비행 청소년과 불쌍한 아이들 때문에 학교 폭력이 발생한다는 것이다. 많은 사람들이 학교 폭력을 이야기할 때 가해자와 피해자가 극소수인데 너무 민감하게 대응하는 것이 아니냐고 주장하는 것은 이 때문이다. 모두가 관련된 사안이 아니라 일부만 관련되어 있다고 하면 그 사회는 그 문제를 집중적으로 다루려고 하지 않을 것이다.

가해자-피해자-방관자 모델
생태학적 접근 방법

학교 폭력은 다른 범죄와 달리 은밀하게 이루어지기보다는 반 아이들 전체가 지켜보는 곳에서 일어나는 것이 특징이다. 가해자가 다른 아이들의 감탄을 자아내고 교실의 위계질서를 만들고 유지하기 위한 전략이 바로 신체적 공격이나 놀림, 욕설 등으로 나타나는 것이기 때문이다.

방관자는 직접적으로 남을 괴롭히는 행동을 하지는 않지만 폭력 상황에서 침묵하거나 모르는 척함으로써 가해자의 행동을 소극적으로 지지하고 격려하는 역할을 한다.

이러한 방관자의 역할을 이해하고 학급 생태계 전체를 변화시키기 위해 새로 대두된 접근 방법이 '생태학적인 방법', 즉 가해자-피해자-방관자 모델이다.

[가해자-피해자-방관자 모델]

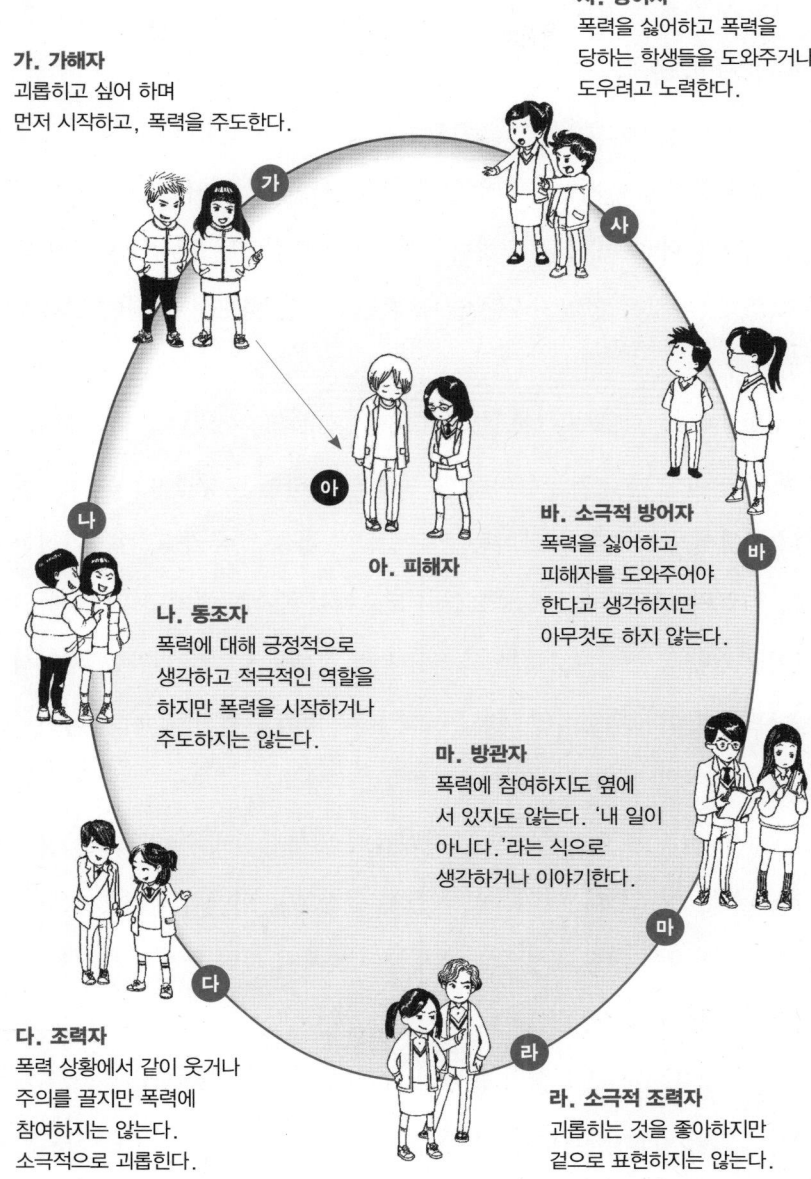

[괴롭힘의 원]

이 모델을 잘 보여주는 것이 올베우스 프로그램 중 '괴롭힘의 원'이 라는 개념도이다.

올베우스 프로그램에서는 괴롭힘의 원이라는 개념도를 바탕으로 괴롭힘 상황에서 아이들의 다양한 역할을 설명하고 있다.

조력자(다)에서 소극적 방어자(바)까지의 학생들을 방관자라고 할 수 있다. 이것은 방관자라는 그룹에도 다양한 태도와 역할이 있음을 뜻한다.

가해자(가), 동조자(나), 그리고 피해자(아)의 역할은 교사가 개입하지 않는 이상 변할 가능성이 없다. 따라서 교사들은 방관자들을 괴롭힘의 원에서 방어자 쪽으로 이동할 수 있도록 돕는 것이 중요하다. 이러한 모델에 기초해서 나온 프로그램이 노르웨이 '올베우스 프로그램'과 핀란드 '키바 코울루 프로젝트' 그리고 우리 평화샘 모임이 개발한 '평화샘 프로젝트'이다. 핵심적인 내용은 4대 규칙, 멈춰와 역할극(괴롭힘의 원에 따른 예시 역할극, 왕따 역할극, 사건 발생 이후의 역할극), 학급회의 등이다.

이 세 가지 프로그램은 모두 아이들이 의사결정에 적극적으로 참여하는 것을 강조한다. 아이들이 스스로 결정하고 도덕적 책임성을 갖게 된다면 학교에 대한 자부심과 정체성이 높아져 폭력 문제가 해결될 가능성이 높아지기 때문이다.

4대 규칙은 학교 폭력의 근본적 원칙과 행동에 대한 합의를 이루게 한다. 또한 역할극을 통해서 학생들은 괴롭힘 상황에서 관련된 사람들이 어떻게 느끼는지, 각자 행동의 동기가 무엇인지 이해할 수 있다. 이렇게 학급공동체가 개념을 공유하면 괴롭힘 상황에서 문제를 쉽게 해결할 수 있게 된다(자세한 내용은 『학교 폭력, 멈춰!』 참고).

가해자-피해자-방관자 모델은 구체적인 상황에서 어떻게 작동할까?

교사는 가해자-피해자 모델에서처럼 수철이와 은혁이, 한성이만을 부르지 않을 것이다. 이 모델에서는 피해자를 제외한 모두가 괴롭힘 상황을 유지하는 데 책임이 있다고 보기 때문이다. 즉, 방관자는 가해자이다. 따라서 교사는 학급 아이들 모두에게 괴롭힘 상황을 바로 알리고 역할극을 통해 문제의 심각성을 이해하도록 도울 것이다. 만약 교사가 미리 규칙에 합의하고 예방 역할극을 진행한 상태라면 다시 한 번 그 중요성을 강조하고 방어자가 되는 행동을 연습한다.

또한 학교 전체에 아이들의 이름 등 프라이버시 문제를 제외한 내용을 알리고, 모든 학생들이 역할극과 토론을 통해 그 상황과 문제 해결 과정을 공유한다. 교사들은 워크숍을 통해 문제 해결을 위한 방안들을 함께 토론한다.

부모 역시 자기 아이만 생각하는 것이 아니라 피해자를 돕기 위해서 가해자 부모, 피해자 부모, 방관자 부모가 어떻게 행동해야 하는지에 대한 토론을 진행한다. 학교 폭력이 있을 때 피해 아이의 부모는 피해자가 되고, 가해 아이의 부모는 가해자가 되고, 방관하는 아이의 부모는 방관자가 되는 현실에서 이러한 접근 방법의 중요성은 아무리 강조해도 지나치지 않다. 이 모든 과정이 이루어진다면 모두가 서로를 보살피는 원이 만들어진다.

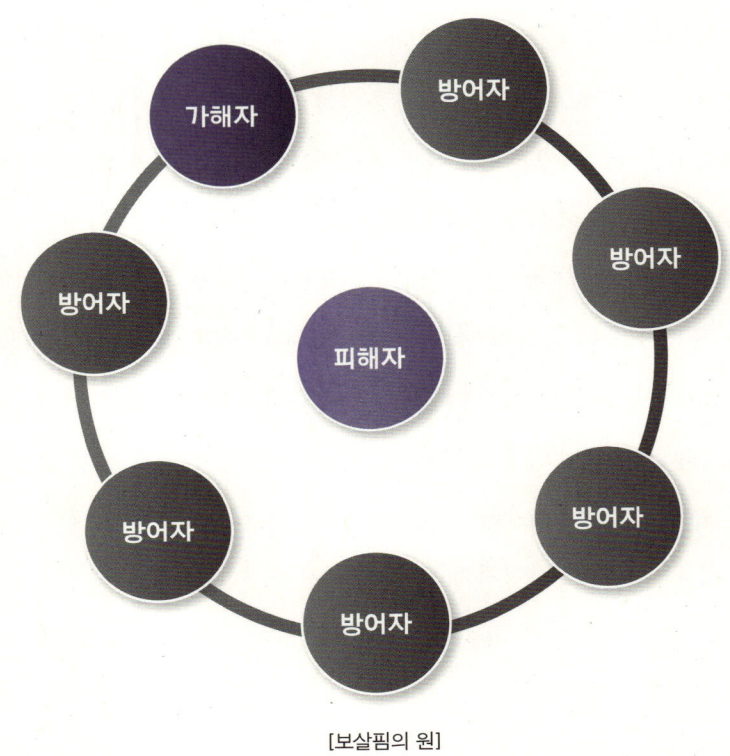

[보살핌의 원]

    이러한 보살핌의 원은 아이들 대다수가 방어자가 될 때 완성되는데, 이는 구체적인 상황에서만 가능하다. 방어자가 되려는 아이들의 동기는 두 가지 방향에서 개발할 수 있다.

    먼저, 부모와 담임교사 등 자신과 가까운 사람들의 사랑과 보살핌의 감정에 근거한 기대와 요청, 제안, 비판이다. 아이들은 어른들이 자신에 대해서 어떻게 생각하는지, 어떤 가치와 기대를 가지고 있는지에 대해 늘 민감하게 생각하고 반응한다. 부모들이 왕따 문제에 항상 관심을 가지고 아이들을 대한다면 아이들 역시 그렇게 될 것이다.

　두 번째는 부모와 교사들의 피해자를 도우려는 적극적인 행동이다. 어른들이 그렇게 열정적이고 헌신적으로 행동하면 아이들도 거울반응을 하게 된다. 물론 아이들이 방어자로서 행동할 때 이를 열정적으로 지지하는 것도 중요하다. 이러한 공명 속에서 모두가 함께 성장하는 것이야말로 공동체의 창조를 통한 학교 폭력의 해결이다. 우리 사회가 알아야 할 것은 아이들을 성장시키는 것은 비난과 훈계가 아니라 가까운 사람과 함께하는 손에 잡히는 경험이라는 것이다. 삶의 현장에서 행하는 공동 작업과 가까운 어른들이 보여주는 좋은 본보기야말로 아이들이 동기를 갖기 위한 전제조건이다.

현실의 모델을 구성하기 위해서

왜 부모에게 알리지 않을까?
왜 친구들을 그렇게 괴롭힐까?
왜 죽을까?

대구 중학생 자살 사건 이후 많은 사람들이 필자에게 해온 질문이다.

이러한 질문들은 어른들이 아이들의 세계를 이해하지 못해 얼마나 당황하고 있는지 잘 보여주고 있다. 연세대학교 황상민 교수는 눈앞에 어떤 사회현상을 대면하고 있으면서도 그 의미와 실상을 제대로 이해하지 못하는 증세를 '사회인식 불능증'이라고 이름 붙인 적이 있다. 문제는 우리 사회의 대다수 어른들이 학교 폭력을 바라보면서 이러한 증세를 보이고 있다는 것이다.

이런 상황에서 문제를 해결하기 위해서는 새로운 언어를 개발할 필요가 있다. 새로운 모델은 새로운 언어이다. 모델이 현실을 정밀하게 반영할수록 기존에 이해하기 어려웠던 현상을 이해하고 개념을 구체화할 수 있다. 이제 기성세대의 공유된 경험을 드러낼 수 있는 학교 폭력 모델을 구성해보자.

지금 40~50대인 사람들은 괴롭힘 상황에서 주변 친구들의 도움을 쉽게 받을 수 있었다. 진짜 주먹이 센 아이들은 학교에서 다른 친구들을 괴롭히지 않았고, 그 밑의 똘마니들이 누구를 괴롭힐 때 다른 친구들이 제지하면 대개는 상황이 정리되었기 때문이다.

그 이유는 기성세대가 특별히 더 정의롭기 때문이 아니다. 대다수가 같은 마을에서 살고 있었고 집안일을 도우면서 일 잘하는 친구가 높은 평가를 받는 문화환경 속에서는 노는 아이들의 영향력이 그렇게 크지 않았기 때문이다. 어른들이 학창시절에 경험했던 노는 아이들은 학생문화의 주류가 아니었다. 학교 밖에서 일탈행위를 하고 학교 안에서는 가능한 한 조용히 있으려고 했다. 그 아이들이 평범한 아이들을 괴롭

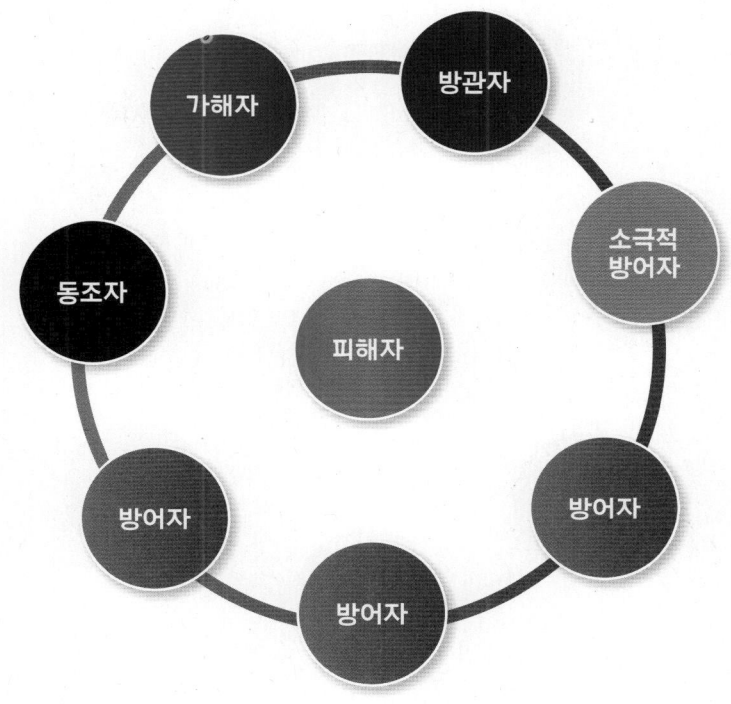

[7080 괴롭힘의 원]

히면 공부를 잘하는 아이들이나 정의감 있는 친구들이 나서서 중재해 줄 수 있었다. 삥 뜯기 등의 일탈행위가 있기는 했지만 뺏는 아이나 빼앗긴 아이나 그것이 부당하다는 것을 잘 알고 있었다.

  요즘 아이들이 직면하고 있는 왕따 상황을 모델로 구성해보자.

  이 모델에 대해 수많은 중·고등학교 학생들이 자신들의 현재 상황을 잘 드러내준다고 인정했다. 어른들도 강의에서 이 모델을 보여주면

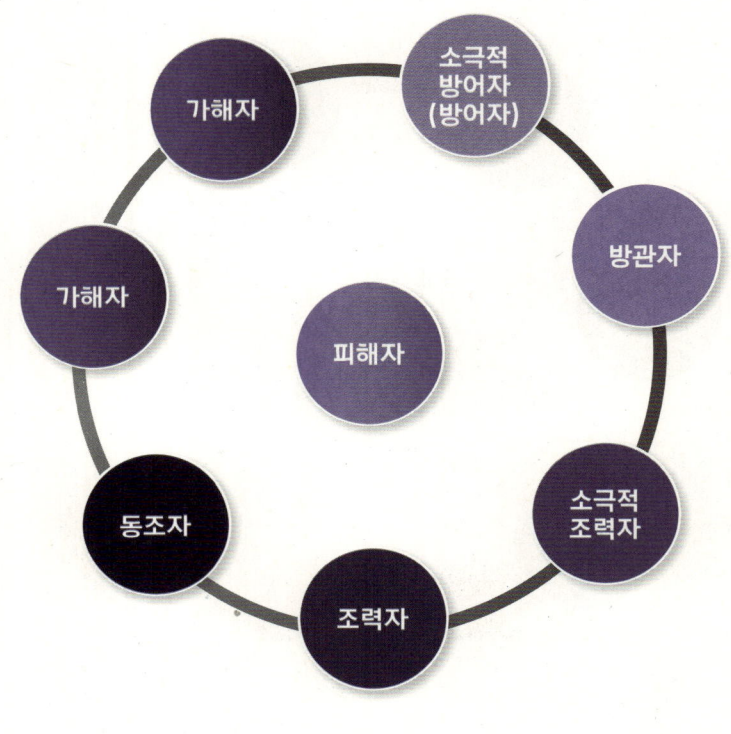

[절망의 원]

요즘 아이들이 저런 상황 속에 있는 것이냐고 놀라면서 저 상황이면 누구나 죽고 싶겠다는 말을 한다. 훌륭한 모델은 상황을 실제 오감으로 느끼는 것처럼 생생하게 떠올릴 수 있어야 하는데, 그러한 측면에서 이 모델은 성공적이라 할 수 있다.

그러면 어떻게 이러한 상황이 만들어졌을까?

일진 문화를 빼놓고는 설명하기가 어렵다. 일진 아이들은 다른 말로

'잘나가는 아이들' 또는 '노는 아이들'이라고 불린다. 잘나가는 아이들이라고 불리는 이유는 공부 잘하는 아이, 운동 잘하는 아이, 부잣집 아이, 잘생긴 아이들이 일진의 중핵을 이루기 때문이다.

일진 아이들은 예전 노는 아이들과 달리 삥 뜯기도 당당하게 하는 것이 특징이다. 선배한테 상납해야 하니까 돈 내라고 요구하고 연애기념일(투투데이, 백일기념일), 생일, 빼빼로데이 같은 기념일에 선물 등의 이유로 돈을 갈취한다. 티켓 강매나 오토바이를 구입할 때 돈을 모금하는 형식으로 갈취하기도 한다.

왕따 현상 역시 일진 문화와 관련되어 있다. 옛날에는 노는 아이들이 한 아이를 왕따시키려 해도 다른 아이들이 동조하지 않았다. 그러나 요즘에는 일진 아이들이 주류로서 학급 아이들의 생활문화와 질서를 장악하고 있기 때문에 일진 아이들이 한 아이를 왕따시키면 다른 아이들도 살아남기 위해, 즉 자신이 왕따당하지 않기 위해 동조할 수밖에 없다. 만약 괴롭힘당한 것을 선생님이나 부모님께 알릴 경우 고자질했다며 찌질이라고 놀림을 받는다. 일진 아이들이 의도적으로 그런 방향으로 몰아가고 다른 아이들도 거기에 동조한다. 아이들 세계에서는 또래집단에서 일어난 일을 어른들에게 말하면 배신자로 낙인찍히기 때문이다. 문제는 일진 아이들과 평범한 아이들의 1차적 공격 대상이 자기를 보호할 힘이 없는 장애인, 다문화 가정, 키가 작고 힘이 없는 아이 등 사회적 약자를 향한다는 것이다. 현재 초·중·고등학교에 약 10만여 명의 장애인과 다문화 가정 출신 아이들이 있는데 이 아이들은 스스로를 보호할 수 없는 취약한 상태에 놓여 있다.

앞에서 지적한 것처럼 학교는 하나의 계급사회를 이루고 있다. 일진 아이들은 귀족, 평범한 아이들은 평민, 괴롭힘을 당하는 아이, 즉 왕따 또는 찐따는 천민이라는 수직적인 위계질서를 이룬다. 그리고 이 사회의 법을 만드는 것은 일진이고 그들은 힘의 논리를 바탕으로 질서를 형성한다. 이러한 상황이기 때문에 왜 친구들끼리 서로 싸우고 괴롭히느냐고 하면 "쟤는 친구 아닌데요."라는 말이 서슴없이 나온다. 봉건적 신분 논리가 교실사회를 지배하는 것이다. 그래서 일진 아이들이나 가해자들이 왕따 또는 찌질이를 괴롭히는 것은 당연한 권리이고 피해자가 항변을 하는 것은 인간의 당연한 권리가 아니라 응징해야 할 천민들의 반란이라고 인식될 수밖에 없다. 요즘 어른들은 아이들의 또래 행동 특성을 잘 모르기 때문에 괴롭힘의 구조를 파악하기 어렵다.

얼마 전 한 초등학교 선생님이 학교 폭력에 관한 실태조사를 한 후 당황해서 연구소에 전화를 했다.

"지난 전수조사 결과 후속 조치로 실태조사를 다시 했는데요. 정말 의외의 결과가 나왔어요. 우리 학교에 모든 선생님들이 다 인정하는 모범생인 5학년 남자아이가 있어요. 그 아이는 공부도 잘하고, 운동도 잘하고, 잘생겼고, 인기도 정말 많아요. 그래서 그 학년의 대다수 아이들이 그 아이 의견을 잘 따라요. 아이들의 우상이라고 할 정도로. 그런데 그 아이가 일진으로 나왔어요. 선생님들은 '어떻게 그런 애가 일진이야? 공부도 잘하고 운동도 잘하고 정말 리더십이 있는 아이인데…….'라면서 혼란스러워해요."
"그러면 그 아이가 다른 아이를 괴롭히는 정황은 드러났나요?"
"그 아이는 선생님들 앞에서는 절대 그런 행동을 안 해요. 하지만 선생님이 없는 곳에서는 다른 아이들에게 자기랑 놀지 않으면 죽이겠다고 협박했다고 조사 결과가 나왔어요."

그런데 일진 문화를 잘 알고 있는 학생들이라면 이 상황을 어떻게 판단할까?
다음은 필자가 중학교 2학년 때까지 일진이었다가 그 뒤 반성하고 지금은 또래 상담원으로 활동하고 있는 고등학교 3학년 학생과 일진 문화에 대해 면담한 내용이다.

"공부 잘하면서 모범생으로 비치는 일진과 평상시 아이들을 툭툭 건드리고 삥 뜯는 아이들 가운데 누가 아이들을 더 힘들게 한다고 생각해?"
"당연히 공부 잘하는 애들이죠."
"왜 그런지 이야기해줄 수 있을까?"
"네, 먼저 그런 아이들은 잘 드러나지 않아요. 다른 아이들을 괴롭힐 때, 자신이 나서는 게 아니라 똘마니들을 시키거든요. 그래서 괴롭힘을 당하는 애가 이야기를 하려고 해도 증거를 제시하기가 어려워요. 게다가 선생님의 신뢰를 받는 친구이기 때문에 다른 친구들이 그 친구가 괴롭혔다는 것을 이야기해도 선생님들이 믿지 않고 모함이라고 오히려 혼날 수가 있거든요. 못난 애들이 잘난 애를 질투하기 때문에 그런다는 거죠. 또, 실제 괴롭힘 사실이 드러나도 공부 잘하는 아이들은 잠시 실수했을 뿐이라고 어른들이 너그럽게 넘어가기 때문에 말한 애들만 힘들어지거든요."

이렇게 어른들이 일진 문화와 그로 인해 발생하는 아이들 사이의 잔혹한 폭력 질서를 이해하지 못한다면 아이들은 어른들에게 도움을 요청할 수 없게 된다. 자신들의 상황을 이해시킬 수 있는 방법이 없기 때문이다. 그 결과 일진 아이들은 점점 더 잔혹해지고, 어떤 도움도 받을 수 없게 된 아이는 죽음을 선택하는 경우도 생기는 것이다. 이 죽음을 부르는 끔찍한 모델을 확인해보자.

지성이는 현재 중학교 2학년이다. 2학년 전체 아이들 중에서 키도 제일 작고 공부도 꼴찌다. 늘 혼자서 아이들 주변을 빙빙 돌아다닌다. 표정도 없고 아무런 말도 하지 않는다. 듣는 말이라고는 욕설과 놀림뿐이고, 말을 해도 아무도 받아주지 않기 때문이다. 지성이는 학생들 모두가 알고 있고, 지성이 스스로도 그렇게 인정하고 있는 전따이다. 투명인간이라고도 한다. 아무도 같이하려고 하지 않기 때문에 지성이는 학교에 올 때나 갈 때 늘 혼자이다. 물론 점심시간에 밥도 혼자 먹는다.

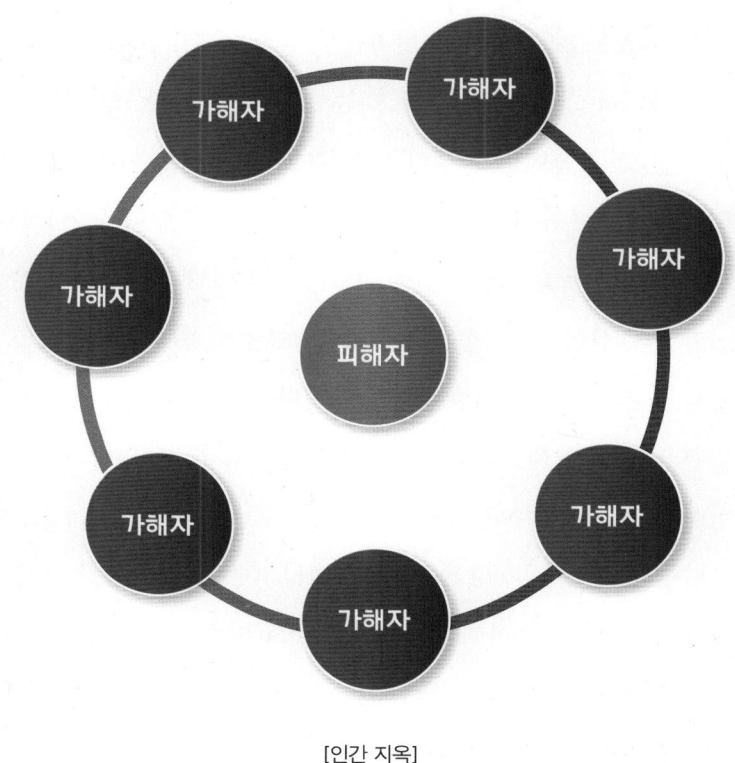

[인간 지옥]

수업시간이면 주로 잠을 잔다. 쉬는 시간이면 아이들은 지성이를 괴롭힌다. 오늘도 지성이는 멍하니 창밖을 내다보고 있다.
"야, 심심한데 오늘 지성이 데리고 아바타 놀이할까?"
"그래. 좋다!"
태섭이는 형대와 수찬이를 보며 눈짓을 한다. 형대가 큰 소리로 말한다.

"야, 김지성! 그리고 상현이 나와라!"

지성이는 '올 것이 또 왔구나!' 하는 표정으로 마지못해 나왔다. 상현이도 긴장한 표정이다. 지성이는 형대 아바타가 되었다. 형대는 지성이 뒤에서 지성이 두 팔을 잡았다. 상현이는 수찬이 아바타이다. 형대가 먼저 상현이 배를 향해 주먹을 날렸다. 지성이는 형대가 하는 대로 몸을 맡겼다. 상현이는 배를 움켜쥐고 고통스러워했다. 이번에는 상현이 팔을 잡은 수찬이가 지성이 얼굴을 쳤다. 지성이는 형대에게 두 손이 잡힌 채 눈물을 찔끔 흘렸다. 태섭이가 자기 자리에 앉아 재미있다는 듯이 쳐다보다 한마디 던졌다.

"야, 김지성, 신상현! 너희들끼리 해봐!"

지성이와 상현이는 아이들이 시키는 대로 서로를 때렸다.

이런 괴롭힘 속에서 어떤 학습 동기도 가지고 있지 않은 지성이는 공부시간에 아무 말 없이 앉아 있을 뿐이다. 그러면 선생님들은 왜 말을 안 하느냐고 야단을 치고, 다른 아이들은 "쟤는 원래 그래요." 하며 비웃는다.

선생님에게 그런 말을 자주 들어 이제 별 느낌도 없다.

다시 쉬는 시간이다. 지성이는 화장실에 갔다. 화장실에서 태섭이, 형대, 수찬이네 애들이 서로 한 대씩 치는 원터치를 하고 있었다. 태섭이한테 한 대를 제대로 맞은 형대는 지성이를 보자 불러서 "아파도 울지 마라."고 하면서 세게 때렸다. 오늘도 지성이는 인간 샌드백이 된 것이다.

최근 필자는 초등학교, 중학교, 고등학교에서 왕따의 모습이 어떠한지 어떻게 도울 수 있는지 연구 중이다. 그런데 초·중·고 어디에서나 왕따의 모습은 모두 비슷했다. 왕따를 당하는 아이는 학교를 오고 갈 때 혼자이고 교실에서 학습 소모임을 구성할 때도 마지막까지 기피하는 대상이 된다. 하루 종일 듣는 말이라고는 욕설이나 비난 또는 "쟤는 왜 살지."라는 인간의 존재 자체를 부정하는 말이다. 아이들은 아무런 이유도 없이 툭툭 치고 오락물처럼 대한다. 그래서 무표정하게 아무런 말도 하지 않고 버티는 피해자를 보고 선생님은 "더 적극적으로 말하고 행동해라."라면서 못마땅해한다. 그리고 괴롭힘 상황을 파악하더라도 피해자의 사회성을 거론하면서 오히려 제대로 대처하지 못하는 피해자를 탓한다.

가해자들은 이유가 없이 시작된 괴롭힘이 분명한데도 괴롭히는 과정에서 이유를 만들어간다. 나중에는 자신들이 피해 아이가 따돌림당하는 이유를 허구로 만들어냈음에도 그것을 잊어버리고, 마치 처음부터 있었던 진실처럼 착각하는 지경에 이른다.

피해자는 가해자들에게 인간쓰레기라고 지속적으로 놀림을 당하면 그것을 부정하지 못하고 자신이 정말 그렇게 보잘것없는 존재라고 믿게 된다. 이렇게 모두가 괴롭히는 이유를 공유하게 되면 왕따는 놀이가 된다. 이러한 상황이 되면 방어자가 존재하기 어렵다. 소극적 방어자, 방관자까지도 피해자를 괴롭히지 않으면 왕따가 되기 때문에 그것이 두려워서 침묵하거나 가해자가 된다. 그래서 결국 모두가 가해자가 되는 인간지옥이 완성되는 것이다.

소수의 가해자와 소수의 피해자는 없다. 극소수의 피해자와 대다수 또는 전체의 가해자가 있을 뿐이다.

그리고 아이가 왕따가 되면 그것을 도우려는 피해 아이 부모도 왕따가 된다. 문제를 제기한 피해 아이 부모가 학교와 가해 아이 부모들로부터 공격을 당하기 때문이다. "절대 기죽지 마라. 알았지?"라고 가르치는 한국 중산층 부모의 뻔뻔함은 자기 아이들을 위해서 수단과 방법을 가리지 않는 모습으로 나타난다. 학교는 "피해 아이도 문제가 있다."거나 "가해 아이도 우리 자식이 아니냐?"라는 논리로 피해 아이 부모에게 참을 것을 요구한다. 소수이지만 교사가 왕따 아이를 도우려고 하면 어떻게 될까? 피해 아이를 편애한다는 가해 아이들과 부모들의 반발, 왜 문제를 일으키느냐는 관리자들의 대응 속에서 역시 왕따가 된다. 이러한 현상은 우리 사회의 왕따 문화, 학교당국의 소극적 대응과 은폐가 왕따 해결에 있어서 걸림돌이라는 것을 잘 보여준다. 일진 아이들이 교실과 아파트 주변에서 그렇게 안하무인으로 행동할 수 있는 것은 부모들이 그들을 무조건 옹호하고 학교는 드러내지 않으려고 한다는 것을 잘 알고 있기 때문이다.

학교 폭력은 해결 가능하다

우리 사회는 현재 학교 폭력을 해결할 수 없다는 비관주의가 지배하고 있다. 학교 폭력은 이전에도 있어왔고 앞으로도 있을 것이기 때문에 해결이 불가능하다는 것이다. 진보적인 사람들은 구조의 문제를 해결하기 전에는 해결할 수 없는 문제라고 하면서 언제일지도 모르는 미래로 해결을 미루고, 보수적인 사람들은 비행 학생들이 문제이기 때문에 강력하게 처벌해야 한다고 주장한다. 모두가 가해자-피해자 모델에서 벗어나지 못하고 있다.

학교 폭력 문제 해결을 위해서 중요시해야 할 두 가지 전제가 있다. 사회 전체의 학교 폭력에 대한 인식의 제고와 모든 어른들의 개입 의지이다. 그런데 우리 사회는 어른들이 협력해서 효과적인 대책을 마련하기는커녕 소모적인 논의만 계속하고 있다. 이런 상태에서는 비관주의가 만연할 수밖에 없다.

그러나 북유럽의 사례에서 알 수 있듯이 학교 폭력은 해결 가능하다. 집단괴롭힘 문제를 성공적으로 해결하고 있는 나라들의 특징은 모두가 함께 실천할 수 있는 핵심적인 몇 개의 프로그램을 정부 차원에서 만들고 이를 학교가 자율성을 가지고 진행하도록 한다. 정부는 이를 지원할 수 있는 효율적인 캠페인을 진행한다. 우리의 경우에도 효율적인 왕따 해결을 위해서는 효과가 검증된 프로그램과 범정부 차원의 효율적인 캠페인이 중요하다.

그런데 우리는 학교 차원에서 왕따에 대응할 준비가 되어 있지 않은데다가 정부가 효과도 없는 정책을 밀어붙여 학교 폭력 담당 교사만 힘들게 만들고 있다. 왕따가 주로 교실·학교에서 일어나고 있다면 이를 해결할 수 있는 역량도 학교에서 만들어야 한다는 것은 상식이다.

학교가 왕따에 대처하는 효율적이고 체계적인 문화를 만들려면 어떻게 해야 할까?

먼저 담임교사들의 인식이 바뀌어야 한다. 현재 학교 폭력 가운데 가장 심각한 것이 교실에서 시작되는 왕따이다. 그런데 일부 교사는 학교 폭력을 절대 용납하지 않는 학급 운영 방침을 가지고 있는데, 어떤 교사는 방임하고 또 다른 교사는 때려서라도 바로잡겠다는 태도로 임한다. 이러한 교직사회의 분열이야말로 왕따 문제에 대한 대처를 어렵게 하는 요인이다.

학교 폭력 문제를 푸는 열쇠는 교사들의 일관된 태도와 규칙, 문제에 개입하는 동일한 방법, 즉 매뉴얼의 공유이다. 많은 교사들이 자기 학급의 문제만 신경을 쓸 뿐 다른 교실에는 관심이 없는 것도 문제이다. 그런데 현재 왕따는 시·군·구 단위로 연합을 이루고 있는 일진 아이들이 주도하는 것이기 때문에 담임교사 한 사람만의 힘으로 해결할 수 없다. 따라서 정부는 학교 폭력 담당 교사만 달달 볶지 말고 모든 교사들이 협력해서 문제를 풀 수 있도록 하는 웅숭깊은 대책을 마련해야 한다.

학교에서도 정부 탓만 하지 말고 일진 문제, 왕따 문제 등 심각한 학교 폭력 문제에 대해서 학교 차원에서 해결을 위한 목표를 세우고 학교 구성원들이 함께 공부하면서 내부를 변화시키는 노력을 해야 함은 물론이다.

다음으로 왕따에 대처할 수 있는 학교 시스템을 만들어야 한다. 현재 초등학교는 학교 폭력에 대한 대응을 담임교사 중심으로 하고 있고 학교 폭력 담당 교사의 역할이 거의 없다. 그래서 공문 처리나 예방 교육 중심으로만 학교 폭력 담당 교사의 역할이 한정되고, 만약 다른 교실에서 일어난 일에 대해서 학교 폭력 담당 교사가 개입하려고 하면 갈등이 발생한다. 이와 달리 중학교는 담임교사의 역할이 별로 없고 문제가 생기면 바로 생활지도부로 넘어가는 것이 특징이다. 교실마다 벌어지는 문제를 생활지도부에서 세밀하고 지속적으로 다룰 수 없기 때문에 결국 생활지도부는 사건 처리 중심으로 업무를 진행할 수밖에 없다. 이런 상황에서는 학교 차원에서 체계적인 대책을 만들 수도 없고 교사들의 힘을 모을 수도 없다.

문제를 해결하기 위해서는 초등학교는 학교 폭력 담당 교사의 역할을 강화해야 한다. 일진과 왕따 등 학급을 넘어선 문제에 대해서 학교 폭력 담당 교사가 제 역할을 할 수 있도록 권한을 주어야 한다. 중학교에서는 담임교사가 일진과 왕따에 대한 관찰 및 상담, 사건이 생겼을 때 그 해결과정에 책임 있게 참여할 수 있는 매뉴얼을 마련해야 한다. 생활지도부장은 그런 과정을 전체적으로 계획 관리하고 담임교사가 해결할 수 없는 일을 지원할 수 있어야 한다. 그리고 항의하는 가해 아이 부모에 대해서는 교장, 교감 선생님이 직접 나서서 설득할 수 있어야 한다.

또한 학교 차원에서 진행할 수 있는 효과적인 프로그램이 필요하다 (평화샘 프로젝트, 올베우스 프로그램, 키바코울루 프로젝트 등 참조).

효과가 검증되고 교사들이 쉽게 수용하는 핵심 프로그램을 모든 교실, 학교에서 시행해야 한다. 올베우스 프로그램과 키바 코울루 프로젝트의 성공은 이러한 조건 아래에서 시행되었기 때문이다. 그런데 이 두 가지 프로그램을 우리 사회에서 적용하면 실패할 가능성이 높다. 광역화된 일진 문제, 상급학교까지 계속되는 왕따 문제 등은 우리나라의 특수한 문제인데, 여기에 대한 해결 방안이 없기 때문이다. 평화샘 프로젝트는 이러한 문제에 대한 해결 방법을 가지고 있지만, 관료적인 교육당국의 태도로 인해 일부 열정적인 교사를 중심으로 수용되고 있는 한계가 있다. 더욱이 북유럽의 경우처럼 신뢰받는 정부와 교육당국이 없기 때문에 이 문제를 해결하는 것이 앞으로의 과제가 될 것이다.

학교뿐만 아니라 지역사회의 참여도 중요하다. 일진 아이들이 학교를 마친 후 비행을 저지르는 곳은 유흥가나 아파트 놀이터, 공원 등이다. 따라서 지역사회에서 이 아이들의 비행을 막고 건전한 놀이문화를 가질 수 있도록 유도하는 프로그램이 중요하다. 우리 연구소에서는 청주에서 몇 개의 아파트 자치회와 협약을 맺고 공동체 차원의 대응 매뉴얼을 개발하는 중이다.

　마지막으로 양육자 책임 문제를 강조하고자 한다. 특히 가해 아이 부모가 학교와 피해 아이 부모에게 하는 욕설과 협박, 모욕, 폭력을 막을 수 있는 장치를 마련해야 한다. 가해 아이 부모가 자기 아이의 가해 행동을 인지하고도 그것을 왜곡하거나 자기 아이를 보호하기 위해서 패악을 부린다면 이는 아동 학대를 방임하거나 조장하는 것이므로 이에 대한 책임을 물을 필요가 있다.

2장

왕따, 왜 힘들까?

　따돌림이 생활화되어 있는 요즘 아이들 사이에는 이에 대한 말도 많다. 왕따, 은따(은근히 따돌리는), 대따(드러내놓고 따돌리는), 전따(전교의 모든 아이가 따돌리는), 개따(왕따한테 왕따당하는), 집따(집중적으로 따돌리는), 별따(별로 따돌림당하지 않는 것 같으면서도 따돌림당하는), 영따(영원한 왕따), 선따(선배들한테 따돌림당하는) 등등.
　이러한 따돌림 계열의 말 가운데 가장 대표적인 것이 왕따이다. 한 선생님이 아이들에게 왕따의 뜻을 물었더니 한 아이가 "왕이다 따 중에."라는 대답을 했다. 이처럼 왕따는 따돌림 중에 최고의 따돌림을 말하는 아이들 사이의 은어이다.
　아이들은 누구를 왕따시킬 때 '따시키자'라는 말과 함께 '생까'라는 말도 사용한다. 즉 어떤 아이를 왕따로 만들 때 '생까자'라고 말하기도 하고, 자기를 무시하는 느낌을 받을 때 '생깐다'고 기분 나빠한다. 학급에서 서열이 높은 아이들이 누구를 생까자고 하면 이는 아무도 거역할 수 없는 압력이 되고, 누가 이 말을 무시할 경우 그 아이는 왕따가 된다.

왕따로 아이들이 고통스러워하고 있는데도 많은 사람들은 따돌림 현상을 심리적인 괴롭힘이기 때문에 신체적인 공격에 비해 가볍다고 여긴다. 그래서 일부 교사나 가해 아이 부모들은 왕따를 '사소한' 또는 '그 또래 아이들 사이에 통상적으로 있는 일'이라고 대수롭지 않게 생각한다.

과연 따돌림이 신체적인 공격보다 상처를 덜 주는 것일까? 이에 대한 과학적인 해답은 2003년 나오미 아이젠베거의 실험을 통해 확인되었다. 나오미 아이젠베거는 따돌림을 받을 때와 신체적인 고통을 받을 때 우리 뇌의 고통중추가 어떻게 반응하는지에 대해 연구했다. MRI 촬영실에서 실험자에게 컴퓨터를 통해 공놀이를 하게 했고, 다른 두 놀이 참여자가 함께 공을 주고받다가 실험자를 따돌리게 한 것이었다. 그런데 놀랍게도 그때 그 실험자의 고통중추가 신체적인 괴롭힘을 받을 때와 똑같이 반응했다. 우리 뇌는 심리적인 괴롭힘과 신체적인 괴롭힘을 구분하지 못하고 똑같이 반응한다는 것이 드러난 것이다.

현재 왕따를 당하는 아이들이 받는 고통의 정도는 역사적으로 볼 때 인도의 불가촉천민이나 원시부족사회에서 저주받은 자, 또는 식민지 민중이 일상생활에서 지배자들에게 적대적인 대우를 받을 때의 스트레스와 비견될 만한 것이다. 이들의 특징은 집단의 모든 사람이 그를 멀리하고 문제를 일으키는 골칫거리로 취급하며 기회가 있을 때마다 피해자를 죽음 가까이 몰아가는 집단적인 폭력을 당한다는 것이다. 이러한 상황에서 피해자는 그것을 운명으로 받아들이고 항거하지 못한다. 따라서 왕따는 단순히 심리적 괴롭힘이 아니라 신체적인 고통까지 함께 일으키는 최고의 공격이라는 것이 최근 놀라울 정도로 발전하고 있는 신경 과학이 내린 결론이다.

이제 왕따가 사람들에게 어떤 상처를 주는지, 삶에 어떤 영향을 미치는지 당사자들의 목소리를 통해서 그 실상을 알아보자.

교사·학생·학부모의 목소리

아이들의 목소리
전 어떻게 할 수가 없어요

"힘들었고, 솔직히 죽고 싶다는 생각도 했어요. 부모님께 말해도 이해 못하시고 오히려 내 탓만 하고 그냥 살기 싫고 그 누구도 보기 싫어요."

"죽고 싶고 따지고 싶고 우울하고 쓸쓸하고 복수하고 싶고 울고 싶고 학교 다니기 싫고 친구들이 밉고 내가 왜 이래야 하지?"

"그때 애들이 '너 같은 애는 없어졌으면 좋겠어.' 그랬어요. 울어도 계속하고, 한번은 제가 '너희들은 내가 죽었으면 좋겠니?' 했는데, '응.'이라고 했어요."

"내가 왜 왕따를 당하는지 이유를 알 수가 없어요. 이유라도 알면 고칠 텐데, 말해주지도 않고 투명인간 취급을 하니까 답답해서 미칠 것 같아요."

"선생님한테 말씀드리니까 피해의식이래요. 저보고 걔네들하고 잘 지내보라고 하셔서 그 다음부터 선생님한테는 말할 필요를 못 느껴요."

-왕따 피해 아이들-

"처음에는 장난으로 시작했는데, 나중에는 너무 심하다고 생각했어요. 하지만 멈출 수가 없었어요. 습관처럼 계속 때렸어요."

"잘난 척, 공주병. 무조건 자기가 옳다고 우겨요. 왜 그렇게 나대는지, 따당할 만해서 당하는 거예요."

"걔는 말투가 좀 티꺼워요. 발음도 이상하고, 새까맣고, 어차피 우리나라 애도 아니잖아요."

"왕따를 보았을 때 살짝 불쌍했지만, 크게 생각을 안 했어요."

"왕따당하는 아이랑 친해지고 싶지만, 친해지면 나도 왕따를 당할까 봐 무서워요."

- 왕따시키는 아이들-

왕따를 당하고 있는 아이들의 목소리는 우울하다. 절망과 우울함, 당혹감, 배신감, 고립감이 아이들의 마음을 지배하고 있다. 친구들의 인정을 바라지만 자기 말을 아무도 들어주지 않고 믿어주지 않는다는 느낌, 어떻게 말해야 할지 모르는 의사표시의 어려움, 세상에 오직 나 혼자 있어서 아무도 공감해주지 않는다는 그래서 죽고 싶다는 이 마음을 과연 우리 사회가 이해하고 도와줄 수 있을까?

이와 달리 왕따를 시키는 아이들의 목소리에서는 죄책감을 찾기가 어렵고 재미마저 느껴진다. 한 폐쇄된 집단이 한 사람을 괴롭힐 이유를 공유한다면 흥미진진한 놀이 양상을 띤다고 하는데 아이들의 말 속에서 그것을 확인할 수 있다.

왕따를 당하는 아이들과 시키는 아이들이 같은 시대를 살면서도 서로의 감정을 이해하려고 하지 않거나 이해할 수 없는 것은 아이들의 비극일 뿐만 아니라 우리 사회의 미래를 위협하는 중대한 상처이다.

많은 사람들이 잘못 알고 있는 것처럼 왕따는 소수의 가해자가 소수의 피해자를 괴롭히는 상황이 아니다. 한 교실에 왕따가 존재한다는 것은 한 아이를 그 교실의 전체 아이들이, 또는 그 학년 전체가, 학교 전체의 아이들이 다 괴롭히는 상황을 의미한다. 왕따는 이렇게 피해자 한 명 대 전체의 구조이기 때문에 어느 누구도 그 상황을 감당할 수가 없다. 그래서 왕따 피해자들에게 "네 행동을 고쳐야 한다."거나, "당당하게 맞서라."고 하는 것은 그 아이에게 전체와 대항해서 싸우라고 하는 것이기 때문에 그 자체로 폭력이고 억압일 수밖에 없다.

한 명 대 전체의 구조에서는 피해자를 동정하는 것 자체가 죄악이다. 왜냐하면 가해자들은 다른 아이들을 자신들에게 동조하게 만드는 기술을 가지고 있기 때문이다. 어떤 아이가 다른 아이들에 대한 동정심만 느껴도 왕따를 당할 수 있다면 아이들은 필사적으로 그러한 느낌을 표현하지 않으려고 할 것이다. 요즘 아이들이 폭력 상황을 아무런 표정 없이 바라보는 것은 어른들이 생각하는 것처럼 사이코패스이기 때문이 아니라 왕따를 당하지 않으려는 필사의 몸부림이다. 결과적으로 현재의 괴롭힘 구조에서는 방관하거나 동정했던 아이들조차 가해자가 되고 마는 것이다.

가해하는 아이들도 그 상황에서 스스로 벗어나기 어렵다. 왕따를 주도하는 것은 그 권력 구조 안에서 상위를 차지하고 소위 왕으로서 즐거움을 누리고 있는 것이기 때문에 그 행동을 그만두거나 바꿀 의사가 생길 리가 없기 때문이다.

따라서 교사가 학교 폭력은 절대 용납하지 않는다는 태도를 확실히 하고 효과적인 프로그램을 가지고 아이들 가운데 일부를 방어자로 만들 수 있을 때만이 왕따 문제를 해결할 수 있다.

부모의 목소리
어떻게 도와주어야 할지 모르겠어요

"기가 막혔지요. 어머, 왜? 네가 왜? 너를 왜? 네가 어때서? 막 이런 생각이 들었어요. 그리고 그 다음에 네가 왜 싫은지 물어봐. 왜 그렇게 하는지, 그럼 고치면 되지 않을까? 나중에는 담임선생님, 학원 선생님에게 도움을 청하고 싶었지만 그래봤자 도움을 받을 수 없겠다고 생각했어요. 워낙 다수이다 보니까 그 여럿을 혼자 설득시키고 그렇게 할 자신이 없었어요."

"우리 아이가 6학년 때 따돌림당한다는 걸 우연히 친구들한테 들었어요. 집에도 놀러 오는 아이들이 계속 우리 아이를 따돌리고 괴롭혔다고 하니까 배신감 들고, 화가 많이 났어요. 그래도 그 아이들을 혼내지는 않고 타일렀죠. 그러지 말라고. 그리고 선생님한테 얘기를 했죠. 그런데 선생님은 지금 바쁘다고 하면서 다음에 얘기를 하자고 그래요. 무슨 수업 스타 대회 준비를 하고 있다면서요. 그것 끝나고 이야기해도 되지 않겠냐고 하는데, 정말 선생님이 맞나 싶었어요. 화를 냈더니, 같은 교사끼리 사정을 알지 않느냐는 거예요. 어찌나 화가 나는지, 제가 지금 같은 교사로 보이십니까? 저는 ○○이 엄마로 이 자리에 왔습니다. 그랬죠. 정말 용서가 안 돼요. 따돌리고 괴롭힌 아이들은 아이들이니까 그래도 용서가 돼요. 그런데 그 선생님은 정말 용서할 수가 없어요. 그때를 잊을 수가 없어요."

-왕따 피해 아이의 부모들-

"애들이 크면서 그럴 수 있는 거 아니에요? 선생님이 너무 민감하시잖아요. 그래서 우리 아이가 오히려 상처를 입었다고요. 어떻게 책임지실 거예요?"

"우리 아이한테 물어봤더니, 그 아이가 문제가 있다고 하더라고요."

"우리 아이는 아무것도 안 했다는데요. 왜 우리 아이도 함께 책임을 져야 하나요?"

"우리 아이가 자랄 때 아이 친구 중에 왕따가 있었어요. 그런데 제가 어떻게 얘기를 해줄 수 없더라고요. 진짜 죄책감도 생기고, 그래도 왕따 문제는 어떻게 할 수가 없으니까. 제발 우리 아이만 안 당하면 되겠다는 생각밖에 못 했어요."

-왕따시키는 아이의 부모들-

가해 아이의 부모는 왕따 문제를 아이들이 자라면서 있을 수 있는 일이라고 대수롭지 않게 여긴다. 오히려 아무것도 아닌 일로 교사가 자신의 자녀들을 힘들게 한다고 생각한다. 그래서 자기 아이를 보호하기 위해서 가해 아이 부모들끼리 똘똘 뭉쳐서 교사에게 항의를 하고 행패를 부린다.

 방관하는 아이의 부모는 자기 아이하고는 상관이 없는 문제라고 믿기 때문에 반성하지 않는 것은 물론 피해 아이 부모들의 행동을 껄끄럽고 부담스럽게 여긴다. 그래서 자기 아이처럼 결국 피해 아이 부모에 대한 공격적인 태도를 가지게 된다.

 자기 아이가 왕따를 당했다는 것만으로도 마음이 아프고 힘이 드는 피해 아이 부모는 자신마저도 부모들 사이에서 고립되어 왕따가 된 것을 발견한다. 학교에 가서 교사에게 도움을 요청하면 "당신 자식이 문제가 있다(당신 자식부터 제대로 교육시켜라)."라는 이야기를 듣는다. 어디에도 왕따의 아픔에 공감하고 동조하는 곳은 없고 사소한 문제라고 이야기하거나 은폐하려고 하기 때문에 피해 아이 부모는 그 과정에서 심한 상처를 입고 좌절한다.

교사의 목소리
어떻게 해야 할지 모르겠어요

"초임 때는 주로 폭력으로 해결을 했죠. 두들겨 패서. 일 년 동안

제 앞에서는 안 했죠. 그리고 겉으로 드러나지는 않으니까, 저는 해결이 되었다고 생각을 했던 것 같아요. 그런데 나중에 학년이 바뀌고 중학생이 되고 보면 변화가 없더라고요.

그리고 경력이 좀 쌓이니까 어떻게 해도 해결하기가 너무 어렵다는 생각이 들더라고요. 저는 이 아이를 보호하기 위해 전체 아이들에게 일장연설을 해야 하고, 학부모 상담을 해야 하고, 쏟는 에너지는 너무 많은데, 성과는 없는. 큰소리를 치면 약발이 일주일은 가고, 그러면 일주일마다 큰소리를 쳐야 하고…….

그리고 나중엔 그 아이가 문제가 있는 것 같은 생각이 들어요. 왕따를 당할 짓을 하고 있는 것 같아요. 그래서 아이들이 이 아이를 공격하지 못하게 막아놓고 나서는. 지금 생각하면 제가 그 아이한테 상처를 준 거 같아요. 그 아이를 남겨놓고, 너의 행동에도 문제가 있는 것 알고 있지? 그런데 너는 왜 고치지 않니? 너도 뭐라고 대응했으면 좋겠어. 그러면서 이 아이를 타일렀다가 뭐라고 했다가.

결국 일 년 내내 그렇게 지냈기 때문에. 3월 초에 딱 보면 따당할 만한 아이가 보이잖아요. 보이면 그때부터 겁이 나는 거예요. 아, 또 일 년 죽어나겠구나. 정말 어떻게 해야 할지 모르겠어요."

"처음에 어떻게 해야 할지 난감했어요. '어디 감히 왕따를 시켜!' 하고 무섭게 했지요. 그래도 3학년이라 한동안은 통하는 것 같았어요. 그런데, 시간이 지나니까 또 똑같았어요. 정말 어떻게 해야 할지 모르겠어요. 방법을 모른다는 게 맞는 것 같아요."

"아이들에게 호소하면 들어줄 거라고 생각했는데, 마음을 내서 함께하려고 하지는 않았어요. 그런 아이들 모습을 보면서 절망했어요. 정말 어떻게 풀어가야 할지 막막하고 힘들었어요."

"그때 그 일을 겪고 나서 왕따 문제에 두려움이 생겼어요. 5학년 아이들이었는데, 학교에서뿐 아니라 집에까지 쫓아가서 괴롭혔던 거죠. 그래서 그 어머니가 알게 되신 건데, 왕따시키던 아이들이 잘못을 다 인정해서 부모들까지 불러서 사과와 다짐을 받으려고 했거든요. 그런데 부모들 앞에서 아이들이 말을 다 번복하는 거예요. 안 그랬다고. 그러니 그 부모들은 제가 자기 아이를 나쁘게 몰아간다고 원망을 해요. 그리고 왕따당하는 아이와 부모를 이상한 사람으로 몰아가더라고요. 당황스럽고 피해 아이와 부모에게는 너무나 미안하고, 번복한 아이들과 그 부모들은 미워지더라고요. 나중엔 말이 서로 안 통하니까, 피해 아이 부모가 반을 바꿔 가겠다고 하더라고요. 제가 말렸죠. 지금 상태에서 다른 반에 가봐야 반복될 거라고. 내가 돌보겠다고, 아이가 힘을 길러야 하지 않겠냐고. 그리고 남은 기간 친구를 만들어주는 데 애를 썼던 것 같아요. 그렇게 그해를 보내고 나서는 왕따당할 만한 아이가 있다 싶으면 겁이 났어요. 정말 어떻게 해야 할지 길이 안 보이니까 차라리 안 보고 싶어졌어요."

"왕따 문제는 드러내서 해결해야 한다고 생각해서 그렇게 했는데, 엄청난 반발에 부딪쳤어요. 결국 왕따당하는 아이를 도와주려고 하다가 오히려 제가 왕따가 되었어요."

교사들도 왕따 문제에 직면하면 고통스럽기는 마찬가지이다. 아이들 사이에서 일어나는 왕따를 발견하는 것도 쉽지 않고, 왕따 문제를 발견하고 해결하려고 나서면 아이들의 반발에 직면한다. 교사가 왕따가 된 아이를 도우려고 하면 다른 아이들은 "왜 편애하느냐?"면서 집단적으로 반발하기 때문이다.

부모들 역시 피해 아이 부모를 제외한 전체 부모가 교사에게 "아이들끼리의 사소한 문제를 가지고 민감하게 반응한다."고 항의한다.

거기다 "왜 자꾸 확대하려고 하느냐?", "왜 문제를 키우느냐?", "왕따 문제도 알아서 해결하지 못하느냐?"며 왕따 문제를 해결하려고 하는 교사를 관리자나 다른 교사들이 비난하는 상황이 되면 교사는 절망하게 된다.

왕따를 당하고 있는 아이들을 진심으로 도우려는 헌신적인 교사들이 이러한 일을 당하고 있고, 평화샘 프로젝트 참가 교사들도 그러한 일을 당했거나 당하고 있다.

교사들의 잘못된 왕따 대응 유형

① 피해자 책임 전가형
"너도 문제가 있어."라며 피해자에게 책임을 전가하면서 피해자가 적응하고 행동을 바꿀 것을 요구한다.

② 폭력적 해결형
"너희들, ㅇㅇ이를 다시 왕따시키면 선생님한테 죽을 줄 알아라." "너희들 ㅇㅇ이를 또 왕따시키면 내가 너희들 다 왕따시킬 거야."라고 말하는 경우이다. 폭력적 해결형은 왕따가 더욱 은밀하게 이루어지도록 만든다. 교사 앞에서는 절대 드러내지 않고 교사가 안 볼 때만 왕따시키기 때문이다.

③ 연민형
"ㅇㅇ이가 쉬는 시간이면 늘 제 곁에 붙어 있어요. 아무도 같이 놀아주지 않으니까요. 그래서 제가 이야기 상대해주고 그래요. 딱하죠." 피해 아이를 불쌍하게 여기고 교사가 돌보아주는 형이다. 연민형의 교사가 잘하는 행동 중의 하나가 반 아이들 중에 믿을 만한 아이에게 피해 아이를 잘 챙겨주라고 부탁하는 것이다. 그러나 이러한 행동은 다른 아이들이 교사가 피해 아이만 편애한다고 생각해서 더 왕따를 시킬 수 있는 빌미를 제공한다. 더구나 교사가 부탁한 아이가 왕따를 주도하는 아이라면 문제는 더욱 심각해진다.

④ 호소형
"얘들아, 제발 너희가 ㅇㅇ이를 도와주었으면 좋겠어."라고 아이들에게 애걸하는 경우이다. 교사가 이렇게 약한 모습을 보일 경우 아이들이 그 말을 들을 리 없다.

⑤ **무관심 또는 방임형**
자신의 반 또는 학교에 왕따가 있어도 전혀 관심을 가지지 않는 경우이다. 이 경우 아이들은 왕따시키는 것을 교사에게 인정받은 것으로 생각한다.

왕따 유형

왕따에 대한 연구는 90년대 후반에 집중적으로 이루어졌다. 1998년에 왕따로 인한 3건의 자살 사건이 연이어 일어나면서 전 사회가 큰 충격을 받았기 때문이다. 그런데 그 시기에 이루어진 연구는 왕따의 원인을 개인적인 특성에서 찾고 있다. 왕따가 된 아이들을 분석해보니 '이런 아이들이 주로 왕따가 되더라.'는 식으로 유형을 정리하고 있다.

잘난 척하는 아이, 사회성 부족, 정서불안, 허약한 신체나 열등한 외모, 지능이 낮거나 말을 더듬는 아이, 교사에게 자주 혼나는 아이, 남의 말에 지나치게 민감한 아이, 청결하지 못하거나 꾀죄죄한 차림새, 이기적인 아이 등등.

왕따가 과연 개인의 특성으로 인해 생겨나는 것일까?

서로 잘 모르는 사이거나 느슨한 모임에서는 심각한 왕따가 생겨나기 어렵다는 것은 잘 알려진 사실이다. 왕따가 심각한 문제가 되는 곳은 군대, 학교, 회사 등 위계가 분명하고 닫힌 조직이다. 이러한 조직은

외부와 구별되는 사고와 문화를 가지고 있으며 자신의 기준을 위반하거나 그에 미치지 못하면 그 개인을 왕따시키는 특성이 있다.

학생들 사이의 왕따 역시 닫힌 학교, 닫힌 가정, 닫힌 친구관계로 인해서 생겨나는 문제이므로 한 개인에게 책임을 전가하기보다는 우리 사회와 학교의 구조적인 특성을 바탕으로 접근해야 그 실체와 해결방법을 찾을 수 있다.

그래서 우리는 사회구조적 요인과 아이들 또래 문화나 권력관계를 반영하여 왕따 유형을 새롭게 정리해보았다.

사회문화적인 요인

사회문화적 요인은 우리 사회의 전통적인 믿음과 관습적인 사고를 바탕으로 왕따 현상이 생겨나는 경우를 말한다.

'바보', '병신', '등신'같이 장애인을 비하하는 말이 욕으로 쓰이는 것에서 알 수 있듯이 우리 사회에는 전통적으로 장애인을 무시하고 괴롭히는 문화가 존재했다. 1980년대까지는 대다수 장애 아동이 일반학교에 다니지 않아서 학교에서 장애인이 왕따가 되는 것은 찾아보기 힘들었다. 대부분의 장애 아동은 골방에 갇혀 지내거나 좀 나은 경우 특수학교에 다녔다.

1994년 특수교육진흥법 개정으로 95년부터 통합학급이 생기고, 일반 학교에서 생활하는 장애 아동이 늘면서 장애 아동에 대한 괴롭힘이 심각한 문제로 등장했다.

장애에 대한 인식 개선 등 사회문화적인 준비 없이 통합교육이 진행되면서 여러 가지 문제가 생겼다. 교사는 장애 아동을 어떻게 도와야 할지 몰랐다. 아이들 역시 장애인에 대한 차별적인 우리 사회 문화의 영향을 받고 있는데다가 장애 아동은 함께 뛰어놀기도 어렵고 소통이 잘되지 않는 측면이 있기 때문에 이상하다고 생각하면서 배척하게 된 것이다. 현재 일반 학교에 다니는 장애 아동이 5만 7,000여 명[1]이고 경계에 있는 아동까지 포함하면 훨씬 더 많을 텐데 이 아이들은 언제나 왕따가 될 수 있는 취약한 처지에 있다고 봐야 할 것이다.

연도	인원수
1995	31,510
2001	29,232
2007	40,884
2012	57,207

[연도별 통합학급 학생 수]

다문화 가정의 아이들이 경험하고 있는 왕따 역시 사회문화적 요인에서 비롯된 것이다. 세계적으로 드문 단일 민족이라는 것을 정체성으로 배워왔기 때문에 피부색이 다르거나 타 국적을 가진 사람들에 대한 배척이 자연스럽게 여겨지는 것이 우리 사회의 특성이다. 검은 피부를 가진 유명 연예인들이 피부색에 대한 콤플렉스 때문에 수세미로 얼굴을 피가 나도록 문질렀다는 이야기가 그것을 잘 보여준다. 그런데 흑인 또는 백인 혼혈아들에 대한 혐오와 배척은 그들의 숫자가

---

1) 연도별 통합학급 학생 수는 초·중·고 일반학교에 재학하는 장애 학생 수임. 출처 : 『2001 특수교육연차보고서』, 교육인적자원부, 2001, 21·22·32쪽. ; 『2007 특수교육연차보고서』, 교육인적자원부, 2007, 27쪽. ; 『2012 특수교육통계』, 교육과학기술부, 2012, 74·94쪽.

적었기에 일반적인 현상은 아니었다. 최근 국제결혼이 증가하면서 다문화 가정 출신들이 약 4만 5,000여 명[2] 정도 차지하고 있고 계속 증가하는 추세이다. 그래서 다문화 가정 아이들에 대한 차별은 보편적인 문제가 되었다.

연도	인원수
2006	9,389
2007	14,654
2008	20,180
2009	26,015
2010	31,788
2011	38,678

[연도별 다문화 가정 학생 현황]

지금까지는 일본과 중국 출신의 엄마를 가진 다문화 가정의 아이들이 많았다. 그런데 최근 들어서 엄마가 동남아 출신인 아이들이 늘어나면서 피부색 등 외모를 문제 삼는 왕따 문제가 심각해지고 있다.

한 부모 가정이나 조손 가정의 아이들 역시 쉽게 왕따가 될 수 있는 취약한 처지에 있다. 부모들은 한 부모 가정의 아이들과 어울리지 말라고 하고, 아이들은 그 아이를 괴롭혀도 부모가 와서 도와줄 수 없다는 것을 잘 알고 있기 때문에 쉽게 괴롭힘의 대상으로 삼는다.

최근 들어 크게 늘어나고 있는 것은 공부 못하는 아이들에 대한 왕따를 당연시하는 풍조이다. 특히 초등학교에서 이런 문제가 심각한데 이명박 정권 시작과 함께 시행된 일제고사로 인해 생겨난 풍경이다.

---

2) 다문화 가정 학생 수가 연 평균 약 6,000명 증가하는 추세이므로 2012년에는 약 4만 5,000여 명으로 추산함. 출처: 『다문화 가정 자녀 현황(2010, 초·중·고)』, 교육과학기술부, 2010, 1쪽. ; 『2011년도 다문화 가정 학생 현황』, 교육과학기술부, 2011, 1쪽. ; 『다문화 학생 교육 선진화 방안 보도자료』, 교육과학기술부, 2011, 3쪽.

일제고사와 왕따 문제는 어떤 관계가 있을까?

한 교원 단체에서 일제고사가 학교 폭력의 원인이라는 논평을 내자 해당 교육청과 교총은 근거 없는 주장이라며 반박을 했다. 과연 그럴까? 학교 폭력을 지속적으로 연구해온 평화샘 모임에서는 일제고사와 왕따 문제의 연관성을 다섯 가지로 정리해보았다.

첫째, 아이들이 왕따당하는 시간이 길어져 그 고통이 더 심해진다.
요즘 많은 학교들이 국가수준학업성취도 평가를 준비하기 위해 평일 저녁 늦게까지 야간 자율 학습을 하거나 토요일, 일요일에도 보충수업을 하느라 아이들을 학교에 잡아둔다. 결국 왕따당하는 아이들은 그만큼 괴롭힘을 당하는 시간이 길어질 수밖에 없다. 이는 왕따당하는 한 아이의 말에서도 확인할 수 있다.

"저는 방과 후 수업 절대 안 해요. 저를 괴롭히는 애들하고 그만큼 더 오래 있어야 하니까요. 그 지옥에서 벗어나는 유일한 길은 빨리 학교를 떠나는 거예요."

둘째, 성적이 낮은 아이들은 학교, 교사, 학생들 사이에서 공공연한 미움의 대상이 되는 현상이 벌어졌다.
2008년부터 시행된 전국 학업성취도 평가는 지역, 학교, 학급 간 부진아 수를 비교하여 학교를 서열화한다. 이 때문에 일부 교사들은 학급에서 성적이 부진한 아이들을 질책한다.

"쟤는 특수반으로 갔어야 하는데 쟤 때문에 우리 반 부진아가 하나 더 늘잖아."

교사들의 이런 노골적인 질책은 다른 아이들에게 그 아이를 무시해도 된다는 메시지로 작용해 왕따가 탄생하는 순간이 된다. 아이들은 성적이 낮은 아이들을 학급의 평균을 깎아먹는 '멍청이', '바보', '공부도 못하는 게'라는 말로 낙인찍는다. 최근 성적이 낮은 반 친구에 대한 안티 카페를 만든 경우도 있는데 그 비난의 내용은 반 평균을 떨어뜨린다는 것이었다.
다문화, 장애인, 저소득층 아이들이 공부를 못하는 경우가 많기 때문에 정부의 일제고사 실시는 왕따를 양산하고 정당화하는 시책이 되었다.

셋째, 6학년, 중학교 3학년 교사들은 일제고사를 대비하기 위해 생활지도를 소홀히 하거나 학교 폭력 문제가 발생했을 때 그 해결과정에 소극적으로 대응하는 경우가 많다.

"6학년은 일제고사도 얼마 남지 않았고. 매일 7교시까지 수업하고 또 남아서 부진아 지도까지 하는데 생활지도할 시간이 어디 있어요?"
"매일 시험지 풀이에 교과 진도도 쫓기고, 애들한테 미안해요. 거기다 교장 선생님은 '이번에 상위권 유지해야지.' 하며 은근히 압박하고."

그 결과 초등학교 6학년 교사들 가운데 일부는 왕따 사건이 생겼을 때 진술서를 쓰지 않으려고 하거나 일제고사 대비라는 말로 모든 것을 뒤로 미루고 아이들의 고통도 외면한다.
이런 과정에서 왕따 문제를 해결하려고 하는 교사가 왕따가 된다.

넷째, 일제고사에 대한 스트레스로 아이들의 가해 행위가 더 심각해진다.
시험을 전후해서 보건실을 찾는 아이들이 급격히 증가한다. 아이들의 스트레스가 심해져 다툼이 많기 때문이다. 또 중학교 일진 아이들은 시험 끝나는 날 후배나 초등학교 일진 아이들을 집합시켜서 물갈이라는 이름으로 집단 폭력을 행사한다.

다섯째, 학업성취도 평가 이후로 학교 폭력에 대한 아이들의 인식이 낮아졌다.
청소년 폭력예방재단에서 2007년부터 2010년까지 전국 초·중·고 학생을 대상으로 한 학교 폭력 실태조사에서 '연도별 학교 폭력 목격 시 대응 행동'을 살펴보면, 2007년에는 모른 척하는 아이가 35%였으나 2010년에는

62%로 늘었고, 말리거나 대응한다는 아이는 2007년에는 57.2%였으나 2010년에는 31%로 줄어들었다. 이는 현 정부의 학업 중심 정책이 왕따 문제를 심각하게 만든 요인 가운데 하나라는 것을 보여준다.

사회경제적인 요인

사회경제적 요인은 부모의 사회적 빈곤이나 낮은 사회적 지위가 왕따의 원인이 되는 경우를 말한다.

지금 40~50대가 어렸을 때는 가정의 경제력보다는 일 잘하고, 다른 사람을 배려하는 학생이 높은 평가를 받았지만, 이제는 돈 많고, 소비문화의 첨단을 달리는 아이들이 선망의 대상이 된다. 그리고 어른들의 황금만능주의는 이런 현상을 부채질한다. 한 교실에서도 아파트 평수에 따른 차별이 나타나서 좋은 아파트에 사는 부모들은 "○○아파트 애들이랑은 놀지 마."라고 가르치고 심지어 자모회도 아파트 평수에 따라 따로 한다. 이러한 부모들의 태도는 그대로 아이들 관계에 투영되어 아이들 사이에 신분제를 방불케 하는 견고한 벽이 생긴다. 그렇게 사회적 거리가 생기고 나면 같은 반 아이를 친구라고 생각하지 않는 것을 당연하게 받아들이게 되고 이는 왕따 문화의 기반이 된다. 아이들이 왕따 현상을 만들어내기 이전에 어른들이 먼저 그 토양을 만든 것이다.

가난한 아이들을 혐오하고 무시하는 것이 생활화되면 어떻게 될까? 1997년 IMF 사태 이후 교실에는 부모의 보살핌을 받지 못한 아이들이 늘어났다. 이 아이들은 제대로 씻지도 못하고 옷을 잘 갈아입지 못해서 냄새가 난다. 그리고 이런 아이들은 어김없이 "아, 더러워.", "냄새나.", "거지야."라는 식으로 따돌림을 당한다. 장애인, 다문화 가정, 한 부모 가정, 조손 가정, 기초생활수급자 및 차상위 계층의 아이들 가운데 많은 아이들이 이러한 처지에 놓여 있다.

신체적인 요인

요즘 아이들은 키가 작은 아이가 지나가면 손으로 키를 견주면서 '땅꼬마', '땅콩'이라고 놀린다.

아토피가 있는 아이라면 '바이러스'라고 부르면서 절대 부딪치지 않으려고 모두가 피하는 모습을 보인다. 마주 서게 되면 "저리 꺼져!"라고 소리를 지르고 혹시라도 부딪치게 되면 병균이 옮은 것처럼 몸서리를 치면서 몸을 털어낸다. 다른 아이들은 바이러스에 감염되었다고 부딪친 아이를 피한다.

뚱뚱한 아이들은 '인간쓰레기', '돼지', '호빵맨' 등으로 불리면서 무시당한다. 아이가 몸집이 커서 잘 쫓아오지 못하니까 배를 때리고 도망가기 등의 놀이를 하고 밥을 먹을 때는 모두가 쳐다보면서 화제로 삼는다.

신체적인 이유로 괴롭힘을 당하는 아이들에 대해서 대다수 아이들은 아무런 죄책감도 없이 침을 뱉고 뒤통수를 때리고 함부로 욕을 한다.

학교권력관계(학교문화적인 요인)

학교권력관계로 인해 생겨나는 왕따에는 두 가지가 있다.

먼저 일진 등 또래 권력관계로 인해 생겨나는 왕따이다. 일진 아이들은 어떻게 왕따를 만들어낼까?

평범한 아이들은 학교와 학원에서 자기 주변의 몇몇 친구를 중심으로 제한된 인간관계를 맺고 있다. 이러한 아이들은 누구를 전따로 만들고 싶어도 그것을 실행할 힘이 없다. 그러나 일진 아이들은 학년별, 학교별로 모임이 있고, 반에서 서열의 상위에 있기 때문에 마음에 들지 않거나 도전하는 아이들을 하룻밤 사이에 왕따로 만들 수 있는 힘이 있다.

예를 들면 지나가다 툭 치거나 물을 튀긴 경우에도 일진 아이들의 가오(체면)를 손상시켰다고 바로 괴롭힘을 당하고 왕따가 되는 것이다. 또 평범한 아이가 일진 문화를 흉내 내려고 하면 '척한다', '나댄다'는 말을 들으며 왕따를 당할 수 있다. 이는 일진 아이들뿐만 아니라 평범한 아이들 역시 용납 못 하는 행동이며 '일진 아이들에게 나댔기 때문에 당해도 싸다.'는 논리로 정당화된다. 90년대 왕따 문제를 연구한 학자들이 "척하는 아이들이 왕따가 된다."고 보고한 것은 아이들 사이에 존재하는 이러한 위계관계를 제대로 이해하지 못한 착시 현상으로 보인다.

그리고 일진 내부에서 일어나는 왕따 문제가 있다. 가입을 거부하거나 탈퇴하려고 하는 아이를 왕따시키기도 하지만 일진 아이들 내부에도 왕따 문제가 심각하다.

두 번째로 학교·교사가 가지는 공식적 권력이 만들어낼 수 있는 왕따가 있다.

교사는 수업지도, 생활지도 등 모든 부분에서 아이들과 지속적인 상호작용을 한다. 그 과정에서 교사의 의식적·무의식적 행동은 학생들에게 중요한 영향을 미친다. 특히 교사가 한 아이를 편애한다면 그 아이는 '잘난 척한다.', '교사에게 아부한다.'고 비난받으며 왕따가 될 수 있다. 그러나 더 일반적인 경우는 교사에게 자주 지적받거나 꾸중을 듣는 아이들이 왕따가 되는 것이다. "또 너냐?", "너만 알면 다 안다.", "네가 하는 게 다 그렇지." 등 지속적으로 교사의 비난을 받는 아이가 더 쉽게 왕따가 되는 것은 당연하다. 왜냐하면 교사의 보호를 기대하기 어렵기 때문이다.

교사의 상벌제도가 왕따를 만들어내기도 한다. 요즘 많은 교사들이 스티커 제도를 활용하고 있는데 모둠별 보상이 문제가 된다. 한 아이가 잘못해서 그 모둠이 스티커를 받지 못하면 그 아이에게 비난이 집중되면서 왕따가 될 가능성이 높아진다. 이 경우에도 보살핌을 받지 못하는 아이들이 준비물을 제대로 가져오지 못하거나 숙제를 못 해 오는 경우가 많은 데 장애인이나 다문화 가정, 조손 가정의 아이들이 이를 계기로 왕따가 될 가능성이 높다는 것이 문제이다.

평범한 아이들 사이에서 생기는 왕따

"일진이 왕따를 만들기도 하지만 평범한 아이들도 왕따를 만들 수 있어요. 누구를 무시했는데 제대로 대응하지 못하면 다른 아이들도 다 그 아이를 무시하거든요."

"잘 지냈는데 걔가 갑자기 태도가 변해서 기분 나쁘거든요. 그것만 고치면 왕따에서 벗어날 수도 있지요."

권력관계와 사회문화, 경제적인 요인으로 생기는 왕따는 피해자가 대응하기 어렵다. 이에 비해 왕따를 당하기는 하지만 조금만 노력하면 해결할 수 있는 경우도 있다. 주로 평범한 아이들 사이에 존재하는 왕따인데 여자아이들 사이에서 많이 발생한다.

여자아이들 관계는 서로 평등주의적 관계가 작용하기 때문에 누가 튀는 것을 용납하지 못한다. 특히 3월 초에는 파벌 속에서 수용되기 위해서 좋은 모습만을 보여주었다가 4월쯤 되어서 다른 모습을 보여주거나 튀는 행동을 하면 '나댄다', '척한다'고 해서 비난하기 마련이다. 이때 잘못 대응하면 왕따가 되는데 바로 상황을 파악해서 자기 행동을 고치면 해결될 가능성이 있다는 것이 이 유형의 특징이다.

사이버 왕따, 왜 아이들이 두려워할까?

사이버 왕따는 인터넷과 스마트폰을 통해서 왕따를 시키는 행위를 말한다. 인터넷상에는 ○○ 안티 카페를 만들거나 개인을 공격하는 사진이나 동영상을 올린다. 스마트폰에서는 소위 '떼카'가 유행이다. 떼카는 카카오톡에 친구를 초대해서 집단적으로 욕설이나 비난을 하는 것을 말한다. 카카오톡으로 누구를 초대할 경우 본인이 원하지 않아도 대화방에 들어가게 된다. 물론 원하지 않으면 차단을 하면 되지만 나를 초대해놓고 무슨 짓을 할지 궁금하고 두렵기 때문에 나갈 수 없게 된다. 또 대화방에서 나갈 경우 대화 내용이 다 지워지기 때문에 증거를 남기려면 모욕을 당하면서도 남아 있어야 한다. 서로 얼굴을 마주 보지 못하는 상태에서 여러 명이 동시에 글을 올리면서 가하는 집단적 공격은 감당할 수 없는 정신적 상처를 남길 수밖에 없다. 그래서 많은 아이들이 카카오톡에 초대되어서 공격을 받을 때 보기도 힘들고, 안 보면 불안해서 안절부절못하게 된다.

2012년 8월. 송파의 한 여고생이 이 떼카로 인한 충격을 이기지 못하고 자살한 것은 사이버 왕따의 심각성을 잘 알려준다. 떼카 이외에도 누구를 초대하지 않거나 누가 대화방에 들어오면 무시하거나 일제히 나가버리기도 한다. 송파 여고생의 사례는 초등학교 때 왕따가 중학교, 고등학교까지 왕따가 되고 현실에서의 왕따가 사이버 왕따로, 사이버 왕따가 현실에서의 왕따를 강화시키는 모습을 잘 보여준다.

사이버 왕따는 왕따 현상을 시간적·공간적으로 확장시키는 특성이 있기 때문에 더 위험하다. 특히 스마트폰은 24시간 자기 몸에 휴대하는 도구이기 때문에 언제 어디서건 왕따를 당할 수 있는 가능성을 열었다.

외국에서도 사이버 왕따의 심각성이 사회적 이슈가 되어 사이버 왕따 방지법을 제정하거나 이 문제를 연구하는 전문기관이 설립되고 있다. 또한 교사가 사이버 왕따를 발견하면 반드시 신고하도록 하는 나라도 있다.

우리 사회는 아직 사이버 왕따를 장난 정도로 사소하게 생각하는 경향이 강한데, 이에 대한 가정과 학교에서의 예방 교육을 강화해야 한다. 인터넷과 카카오톡의 특성으로 인한 피해도 심각하므로 이를 예방하기 위한 기술적인 대책을 세우도록 정부가 지침을 마련하는 것도 중요하다.

3장

"선생님, 요즘 신기해요. 전에는 왕따가 있으면 겁부터 났는데 이젠 하나도 두렵지 않아요. 우리 반에 몇몇 여자아이들이 정윤이를 은근히 따돌린 일이 있었어요. 그래서 그 아이들과 연수에서 같이 해본 왕따 역할극을 했죠. 그랬더니 아이들이 정윤이한테 정말 미안하다고 펑펑 울었어요. 공개적으로 얘기하면 애들 관계가 더 나빠질까 봐 걱정했는데 아이들이 다시 정윤이와 친해지는 것을 보면서 역할극의 힘을 느꼈죠."

"사실 우리 반에 왕따가 있다는 것을 누구한테 얘기하기 싫었어요. 내가 생활지도 못 해서 그런 거란 생각이 컸죠. 그런데 지난번 연수에서 왕따는 담임 혼자 해결하기는 어렵다, 드러내서 학교 차원에서 함께 해결해야 한다는 말을 들으니 그동안 괜히 혼자 힘들어했구나 싶었어요. 그래서 이번에 왕따 문제가 생겼을 때 바로 선생님께 연락할 수 있었어요."

"저는 왕따 문제 생길 때 부모님 만나는 것이 가장 힘들었어요. 무슨 말을 어떻게 해야 할지 정말 난감했죠. 그런데 선생님과 같이 만나니 든든했고, 학부모님들이 변하는 것을 보니 '아! 이렇게 하면 되겠구나.' 하는 자신감이 생겼어요."

평화샘 모임의 이 선생 학교에서는 왕따 예방에 관한 교직원 연수를 한 후 실제 교사들이 변하기 시작했다.

대다수 교사들이 학급에 왕따가 생기면 혼자 고민하다가 문제를 키우기 일쑤였는데 이제는 바로 학교 폭력 담당 교사에게 알려 공개적으로 해결한다. 교감, 교장 선생님도 담임교사들이 학교 폭력 담당 교사와 협력하여 문제를 해결하도록 지원을 아끼지 않는다. 사안이 생겨 부모들이 찾아오면 당황하기 마련이다. 그런데 이 학교에서는 이때 담임교사 혼자 부모를 만나는 것이 아니라 학교 폭력 담당 교사, 부장교사, 교감 등 관리자와 함께 만나면서 교사와 부모 모두에게 도움을 주기 때문에 교사들도 보호되는 안전한 환경이 이루어진 것이다. 교사들이 이렇게 프로그램을 신뢰하게 되자 왕따 역할극은 더 강력한 효과를 발휘하게 되었고 부모들도 쉽게 설득할 수 있었다.

이렇게 학교 단위에서 명확한 목표를 정하고 교사들이 함께 배우고 협력하는 것이야말로 왕따 문제 해결의 유일한 길이다. 협력하고 서로 보살피는 교사들이 아이들도 보살필 수 있기 때문이다.

평화샘 프로젝트가 제안하는 왕따 예방 핵심 프로그램은 '왕따 예방 역할극', '왕따 징후 공동 관찰 프로그램', '왕따 조사' 등으로 구성된다.

왕따 예방 역할극 - 모두가 함께 느끼는 왕따 피해자의 아픔

왕따 이야기 ①

성준이는 초등학교 6학년이다. 6학년 전체 아이들 중에서 키도 제일 작아서 땅꼬마, 땅콩이라고 불린다. 인간쓰레기라는 모욕적인 별명도 있다. 성준이는 학생들 모두가 알고 있고, 스스로도 인정하고 있는 전따이다. 투명인간이라고도 한다. 아무도 같이하려고 하지 않기 때문에 성준이는 학교에 올 때나 갈 때 늘 혼자이다. 물론 점심시간에 밥도 혼자 먹는다.

오늘 아침에도 성준이는 힘없이 문을 열고 교실에 들어선다. 창가에는 태섭이와 형대가 즐겁게 이야기를 하고 있고, 다른 아이들은 교실 여기저기에서 놀고 있다. 문소리에 아이들이 일제히 출입문을 쳐다본다. 성준이인 걸 확인하자 모두 고개를 돌리고 아무도 아는 체를 하지 않는다.

고개를 푹 숙이고 자기 자기로 가려는 성준이를 보고 태섭이가 큰 소리로 이야기한다.

"야, 저 땅꼬마! 안 죽고 또 왔네."

태섭이 말에 형대가 지겹다는 표정을 지어 보이며 거든다.

"질기다, 질겨. 정말."

낄낄거리던 수찬이는 얼른 성준이의 의자를 가져다가 자기가 앉았다. 성준이는 어쩔 줄 몰라 하며 자기 자리 앞에 서 있다.

그 모습을 보더니 태섭이가 큰 소리로 웃음을 터뜨렸다. 구경하던 다른 아이들도 같이 따라 웃는다.

그때 쓰레기를 버리기 위해 영철이가 자리에서 일어났다. 태섭이는 성준이 자리를 가리키며 큰 소리로 말했다.

"야, 여기가 쓰레기통이니까 여기에 버려라."

"그래? 새 쓰레기통 좋은데."

태섭이 말이 끝나자마자 영철이가 쓰레기를 성준이 자리로 던졌다. 그게 신호라도 되는 듯 뒤이어 동현, 재석, 정수는 깔깔거리며 쓰레기를 성준이 자리로 던졌다.

왕따 이야기 ②

급식소에서 배식을 기다리는 여자아이들이 줄지어 서 있다. 앞에서부터 명진, 민희, 규리, 희진, 소영 그리고 여자아이 2~3명, 영희가 차례로 서 있다.

민희가 몸을 움츠리고 혐오스러운 벌레를 보듯 짜증스러운 목소리로 뒤에 서 있는 규리에게 말한다.

"저기로 가."

규리 뒤에 선 희진이도 민희와 마찬가지로 "빨리, 저리로 가." 하며 규리의 몸을 밀친다. 명진이와 소영이도 몸을 움츠리고 짜증스러운 표정으로 여럿이 재촉한다.

규리는 어찌하지 못하고 주춤거리다가 느릿느릿 뒷자리로 걸어간다. 그러자 그 아이들이 재미있다는 듯이 손으로 입을 가린 채 키득거리며 웃는다.

규리가 영희 앞에 서려고 하자, 영희가 인상을 쓰고 몸을 뒤로 한 걸음 물러서며 말한다.

"왜 여기로 와, 네 자리로 가!"

규리는 어디로도 가지 못한 채 울상이 된다.

그때 한쪽에서 밥을 먹던 임 선생에게 한 아이가 말한다.

"선생님, 저 언니 왕따당하고 있어요. 지금 저 언니가 자리에서 쫓겨났는데, 다른 언니도 자리를 내주지 않으려고 하고 있어요."

임 선생은 영희와 규리에게 다가와 물었다.

"너희들 무슨 일이니?"

영희가 퉁명스럽게 말한다.

"얘가 자기 자리도 아닌데, 여기로 와서요."

"네 자리가 어딘데? 일단 네가 섰던 자리로 같이 가자."

임 선생은 규리를 데리고 원래 자리로 갔다. 웃으며 재잘거리던 민희와 아이들은 웃음을 그쳤다.

그 일을 겪고 임 선생은 관찰이 중요하다는 것과 학년 선생님들하고 이야기해서 왕따 문제를 학교 차원에서 해결해야겠다고 생각했다.

이 두 이야기는 왕따 예방 역할극을 위한 일화이다. 평화샘에서 그동안 진행해온 왕따 연구를 바탕으로 왕따 피해의 장면을 구성한 것이다.

왕따 예방 역할극을 할 때 왕따 역할을 맡은 아이는 누구라도 어쩔 줄 모르고 당황한다. 서열이 높은 아이도 다르지 않다. 어떤 아이는 거칠게 숨을 내쉬며 말을 잇지 못하고, 어떤 아이는 눈을 이리저리 굴리면서 난감해한다. 그리고 조금 지나면 이건 진짜 사람이 할 짓이 아니라는 표정으로 한마디씩 쏟아낸다.

"내가 낭떠러지에 서 있는데 뒤에서 누가 밀어버린 것 같아요."
"죽을 것 같아요."
"살기 싫어요."
"선생님들이 말로만 하지 말라고 할 때는 그런 생각 안 들었는데, 이렇게 역할극을 직접 해보고 나니까 못 괴롭히겠어요."

교사들이나 부모들의 반응도 다르지 않다.

"세상에 제가 혼자 버려진 것 같아요."
"숨이 막혀요."
"이런 줄 몰랐어요. 아이들이 왜 죽는지 알 것 같아요."
"역할극인 걸 아는데도 너무 슬프고 힘들어요."
"무거운 산이 나를 누르는 것 같아요."

이렇게 왕따 예방 역할극은 모두가 공감하는 순간을 만든다. 그동안의 학교 폭력 교육은 학교 폭력이 무엇인가를 가르치는 인지적인 내용이 중심이었다. 왕따 예방 역할극은 이러한 교육과정을 공감 능력과 감정이입을 중심으로 한 새로운 차원으로 변화시킨다. 피해자의 아픔을 모든 사회 구성원이 공감함으로써 공동체를 복원하기 위한 것이 왕따 예방 역할극이다.

왕따 예방 역할극은 교사와 부모, 아이 등 모든 학교 구성원들이 해야 한다. 교사는 연수를 통해서, 부모는 학부모 총회나 학부모 교육을 통해서 할 수 있다. 아이들은 교육과정에 반영하여 창의적 체험학습이나 교과와 통합하여 진행할 수 있다. 가능한 한 빨리 하는 것이 좋기 때문에 친구사랑 주간을 매년 3월 초로 당겨서 전국적인 차원에서 공동으로 진행하면 그 효과는 극대화될 것이다.

왕따 예방 역할극은 어떻게 할까?

왕따 예방 역할극은 앞에 제시된 예시 일화를 바탕으로 진행한다. 일화는 두 가지로 제시하였는데, 하나는 학급과 학년의 전따 사례이고, 다른 하나는 여자아이들 사이에서 발견된 왕따 사례이다. 역할극을 하기 전에 일화를 읽고 대본을 구성한다. 다음에 제시된 대본은 예시 자료이며 학년에 따라 왕따를 당하는 상황에 대해 이야기하면서 역할에 맞는 말이나 행동에 변화를 줄 수 있다.

왕따 예방 역할극은 네 가지 장면을 설정한다. 즉 모두가 가해자일 때, 1명의 방어자가 있을 때, 3명의 방어자가 있을 때, 모두가 방어자가 되었을 때 피해 아이와 가해 아이의 심리에 어떤 변화가 있는지 느껴보도록 한다.

학급 규모에 따라 한 번에 다하기 어렵다면 차시를 나누어 진행한다. 1차시에는 모두가 가해자일 때의 역할극을 하고, 다음 차시에는 방어자가 있을 경우의 역할극을 진행한다.

❶ 역할극은 8~10명씩 여러 개의 모둠을 나누어서 진행할 수도 있고, 반 아이들 모두가 참여하는 형식으로 진행할 수도 있다. 초등학교 저학년의 경우에는 모둠별로 하기 어렵기 때문에 모두가 참여하는 방식으로 진행하는 것이 좋다.

❷ 역할극을 시작할 때 교사는 이렇게 이야기한다.

"우리 반에 왕따가 생긴다면 그 친구가 어떤 기분이나 느낌이 드는지 알아보기 위한 역할극이에요. 실제 괴롭힘 상황이라 생각하고, 진지하게 참여해주세요. 그래야만 피해자가 얼마나 아픈지 공감할 수 있기 때문이에요."

❸ 모두가 가해자인 역할극을 한다. 먼저 누가 피해자 역할을 하고 가해자 역할을 시작할 것인지 정한다.

이때 고려해야 할 것이 왕따 경험이 있는 아이들이 피해자 역할을 할 때 생겨날 수 있는 문제이다. 아주 힘들게 역할을 수행하는 경우도 있고, 울면서 못하겠다고 해서 역할극을 진행하기 어려운 상황도 있다.

교사는 아이들의 생활을 주의 깊게 관찰해서 현재 또는 과거 왕따 경험이 있는 아이들이 피해자 역할을 할 때 도울 수 있는 방안을 미리 생각해두어야 한다.

교사가 미리 그런 상황을 예상하고 있다면 그 상황 자체를 학습의 기회로 삼을 수 있다. 아이들이 피해 아이의 마음을 위로하면서 그 아픔을 공감하게 된다면 상처를 치유할 수 있는 시간이 된다.

'왕따' 이야기 ❶ 대본

때	아침자습시간
곳	교실
등장인물	태섭, 형대, 수찬, 성준, 영철, 동현, 재석, 정수

오늘 아침에도 성준이는 힘없이 문을 열고 교실에 들어선다. 창가에는 태섭이와 형대가 즐겁게 이야기를 하고 있다. 다른 아이들은 교실 여기저기에서 놀고 있다. 문소리에 아이들이 일제히 출입문을 쳐다본다. 성준이인 걸 확인하자, 모두 고개를 돌리고 아무도 아는 체를 하지 않는다.
고개를 푹 숙이고 자기 자기로 가려는 성준이를 보고 태섭이가 큰 소리로 이야기한다.

태섭(가해자) 야, 저 땅꼬마! 안 죽고 또 왔네.
형대(가해자) (성준이를 보며 지겹다는 표정으로) 질기다, 질겨. 정말.

낄낄거리던 수찬이는 얼른 성준이의 의자를 가져다가 자기가 앉는다. 성준이는 어쩔 줄 몰라 하며 자기 자리 앞에 서 있다.
그 모습을 보더니 태섭이가 큰 소리로 웃음을 터뜨린다. 구경하던 형대, 영철, 동현, 재석, 정수는 같이 따라 웃는다.
그때 쓰레기를 버리기 위해 영철이가 자리에서 일어난다.

태섭(가해자) (성준이 자리를 가리키며) 야, 여기가 쓰레기통이니까 여기에 버려라.
영철(가해자) 그래? 새 쓰레기통 좋은데.

> 태섭이 말이 끝나자마자 영철이가 쓰레기를 성준이 자리로 던졌다. 그게 신호라도 되는 듯 뒤이어 동현, 재석, 정수는 깔깔거리며 쓰레기를 성준이 자리로 던진다.

❹ 역할극이 끝나면, 교사는 피해자와 가해자 인터뷰를 한다. 가해자의 경우는 처음 가해 행동을 시작한 아이와 인터뷰를 한다. 모둠별로 할 경우 인터뷰 질문지를 준비하여 모둠에 내주고 아이들이 인터뷰를 진행할 수 있게 한다. 이때 교사는 각각의 모둠에서 진행되는 상황을 보면서 적절한 도움을 준다. 한 아이의 피해자 역할과 인터뷰가 끝나면 차례로 돌아가면서 모두 피해자 역할을 한다.

모두가 가해자일 때

피해자 인터뷰

교사　지금 어떤 느낌이 들어?
피해자　너무 무서워요. 세상에 나 혼자 남겨진 기분이에요.
교사　이런 상황이라면 학교에 오고 싶을까?
피해자　오기 싫어요.
교사　친구들이 어떻게 해주면 좋겠니?
피해자　멈춰를 하면 좋겠어요. 도와주면 좋겠어요.

> **가해자 인터뷰**
>
> **교사**　아이들이 모두 가해자를 도왔는데, 어떤 기분이 들어?
> **가해자**　제가 왕이 된 기분이에요.
> **교사**　피해자에게 미안한 마음이 안 들었니?
> **가해자**　그런 마음이 좀 들긴 했는데, 다 같이 하니까 괜찮았어요.

❺ 모두가 가해자인 역할극을 한 다음에는 각자 느낌을 표현하며 학급 전체가 공유한다. 시간이 부족한 경우에는 소감문을 쓰게 하고, 몇몇 아이들이 발표하게 할 수도 있다.

"내가 피해자였을 때 어떤 기분이 들었는지 함께 이야기해볼까요?"

"우리는 단 몇 초 동안 왕따가 되었는데도 이렇게 화가 나고, 힘들었어요. 그런데 그 시간이 하루나 일 년 또는 몇 년씩 왕따를 당한다고 생각해보세요. 과연 어떤 마음 상태가 될까요?"

앞의 내용처럼 아이들은 죽고 싶다거나 학교에 오고 싶지 않을 거라는 대답을 한다.

❻ 문제를 해결하기 위한 방법을 제안하고 토론한다.

교사는 아이들에게 우리가 어떻게 해야 왕따 피해자를 도울 수 있을 것인지에 대해서 묻는다.

"우리가 피해자를 도우려면 어떻게 해야 할까요?"

"멈춰를 해요."

"방어자가 돼요."

"그런데 여러 상황이 있잖아요. 방어자가 1명인 경우도 있고, 3~4명인 경우도 있고, 다수가 방어자인 경우도 있잖아요. 그때마다 느낌이 같을까요?"

"아니요!"

"좋아요. 그럼 그러한 상황과 관련해서 역할극을 해봅시다."

❼ 먼저 방어자가 1명인 역할극을 한다.

누가 방어자를 할 것인지 정한다.

아래 예시 대본은 동현이가 방어자 역할을 하고 태섭이가 가해 행동을 먼저 하겠다고 자원한 경우이다.

'왕따' 이야기 ❶ 대본 (방어자가 1명일 때)

때	아침자습시간
곳	교실
등장인물	태섭, 형대, 수찬, 성준, 영철, 동현, 재석, 정수

오늘 아침에도 성준이는 힘없이 문을 열고 교실에 들어선다. 창가에는 태섭이와 형대가 즐겁게 이야기를 하고 있있고, 다른 아이들은 교실 여기저

기에서 놀고 있다. 문소리에 아이들이 일제히 출입문을 쳐다본다. 성준이인 걸 확인하자 태섭, 형대, 수찬, 영철, 재석, 정수는 고개를 돌리고 아는 체를 하지 않는다.
고개를 푹 숙이고 자기 자기로 가려는 성준이를 보고 태섭이가 큰 소리로 이야기한다.

태섭(가해자)　　야, 저 땅꼬마! 안 죽고 또 왔네.
형대(가해자)　　(성준이를 보며 지겹다는 표정으로) 질기다, 질겨. 정말.

낄낄거리던 수찬이는 얼른 성준이의 의자를 가져다가 자기가 앉는다. 성준이는 어쩔 줄 몰라 하며 자기 자리 앞에 서 있다.
그 모습을 보더니 태섭이가 큰 소리로 웃음을 터뜨린다. 구경하던 영철, 재석, 정수도 같이 따라 웃는다.
창가에 앉아서 성준이를 쳐다보던 동현이가 이야기를 한다.

동현(방어자)　　야, 너희들 너무하는 거 아니야? 친구한테 어떻게 그런 말을 하냐!
태섭(가해자)　　(동현이를 노려보며) 왜, 너도 찐따 되고 싶은가 보지?
형대(가해자)　　(주먹을 들어 보이며) 야, 새끼야, 처맞고 싶지 않으면 찌그러져 있어.

수찬, 영철, 재석, 정수도 동현이에게 한마디씩 하며 낄낄대고 웃는다. 동현이는 아무 말도 못하고 표정 없이 서 있다.

방어자가 1명인 역할극을 한 후에는 피해자와 방어자, 가해자 인터뷰를 한다. 가해자의 경우는 2~3명만 하고 그 느낌이 공감이 되는지 전체에게 묻는다.

방어자가 1명일 때

피해자 인터뷰

교사　지금 한 명이 돕기 위해 나섰는데 어떤 느낌이 들었니?
피해자　아까보다는 나아요. 그 친구가 고마워요. 한 줄기 빛이 드는 느낌이에요. 그런데 저 친구도 같이 왕따가 될까 걱정하는 마음도 생겨요.
(그 외에도 다음과 같은 반응이 있었다. "어디선가 구원의 목소리가 들리는 것 같았어요.", "구원의 동아줄이 내려온 것 같아요.", "그 친구 얼굴만 보였어요.")
교사　친구들이 어떻게 해주면 좋겠니?
피해자　○○처럼 같이 멈춰를 해주면 좋겠어요.

가해자 인터뷰

교사　자, 교실에 방어자가 한 명 생겼는데, 그때 어떤 느낌이 들었니?
가해자　처음엔 잠깐 멈칫했는데요, 다른 애들이 호응하지 않아서 뭐 괜찮아요. 그런데 한 명이 그렇게 나서니까 더 세게 나가고 싶던데요.

방어자 인터뷰

교사　혼자 친구를 도우려고 했는데 기분이 어땠어?

> **방어자** 다른 아이들이 가만히 있어서 답답하고 제가 괴롭힘당할까 두려운 마음도 들었어요.

❽ 방어자가 3명인 역할극을 한다. 방어자는 가해 행동이 3~4번 계속될 즈음 방어 행동에 나서도록 미리 약속을 한다. 아래 예시 대본은 동현, 영철, 재석이가 방어자 역할을 하고, 태섭이가 가해 행동을 먼저 하기로 자원한 경우이다.

'왕따' 이야기 ❶ 대본 (방어자가 3명일 때)

때	아침자습시간
곳	교실
등장인물	태섭, 형대, 수찬, 성준, 영철, 동현, 재석, 정수

오늘 아침에도 성준이는 힘없이 문을 열고 교실에 들어선다. 창가에는 태섭이와 형대가 즐겁게 이야기를 하고 있다. 다른 아이들은 교실 여기저기에서 놀고 있다. 문소리에 아이들이 일제히 출입문을 쳐다본다. 성준이인 걸 확인하자 수찬, 정수는 고개를 돌리고 아는 체를 하지 않는다.
고개를 푹 숙이고 자기 자기로 가려는 성준이를 보고 태섭이가 큰 소리로 이야기한다.

태섭(가해자) 야, 저 땅꼬마! 안 죽고 또 왔네.

형대(가해자)   (성준이를 보며 지겹다는 표정으로) 질기다, 질겨. 정말.

창가에 앉아서 영철이, 재석이랑 이야기하던 동현이가 말을 한다.

동현(방어자)   야, 너희들 너무하는 거 아니야? 친구한테 어떻게 그런 말을 하냐!
태섭(가해자)   어쭈, 너 갑자기 왜 그래? 어디 아프냐?
형대(가해자)   야, 너 오늘 좀 이상하다. 너도 찌질이 되고 싶은가 보지?
영철(방어자)   태섭아, 형대야, 친구한테 그렇게 하면 안 되지.
재석(방어자)   성준아, 어서 와. 어제 뭐했어?

재석이는 성준이에게 가서 어깨동무를 하며 자리로 데려간다. 수찬이와 정수는 동현, 영철, 재석이를 '쟤들 왜 저러냐?'라는 식의 눈초리로 쳐다보며 수군거린다. 태섭이와 형대도 더 이상 말을 못하고 쳐다만 보고 있다.

역할극이 끝나고 인터뷰를 한다.

방어자가 3명일 때

피해자 인터뷰

교사   지금 세 명의 친구가 너를 도왔는데, 어떤 느낌이 들어?
피해자   좋아요. 이 정도면 저도 숨을 쉴 수 있고, 맞설 수 있을 것 같아요.

가해자 인터뷰

교사   지금 여러 명이 너의 행동을 제지했는데, 기분이 어때?
가해자   세 명이 그러니까 좀 부담스럽네요. 내가 잘못한 것 같은 느낌이 들기도 하고요.

방어자 인터뷰

교사   세 명이 같이 방어자가 되니까 느낌이 어때?
방어자   (이구동성으로) 서로 의지가 되죠. 뭔가 변할 수 있다는 자신감이 생겨요.

❾ 마지막으로 모두가 방어자가 된 역할극을 한다. 학급 전체적으로 진행하는 경우에는 역할극을 하기 전에 교사는 다음과 같은 이야기를 할 수 있다.

"방어자가 3명이 되니까 맞설 수 있는 힘이 생기는 것 같다고 했어요. 절망의 상태를 벗어났네요. 3의 법칙이 통했어요. 자, 이제 모두가 방어자가 되는 역할극을 해볼까요? 느낌이 어떨까요?"

모두가 방어자인 역할극을 할 때는 가해 행동이 1번 나오면 바로 방어 행동을 하자고 약속한다. 다음 예시 대본은 태섭이가 가해 행동을 하는 것으로 자원한 경우이다.

'왕따' 이야기 ❶ 대본 (전체가 방어자일 때)

때	아침자습시간
곳	교실
등장인물	태섭, 형대, 수찬, 성준, 영철, 동현, 재석, 정수

오늘 아침에도 성준이는 힘없이 문을 열고 교실에 들어선다. 창가에는 태섭이와 형대가 즐겁게 이야기를 하고 있다.
고개를 푹 숙이고 자기 자기로 가려는 성준이를 보고 태섭이가 큰 소리로 이야기한다.

태섭(가해자) 야, 저 땅꼬마! 안 죽고 또 왔네.

창가에 앉아서 영철이, 재석이랑 이야기하던 동현이가 말을 한다.

동현(방어자) 태섭아, 친구한테 어떻게 그런 말을 하냐!

재석이가 성준이를 반갑게 맞으며 하이파이브를 한다.

재석(방어자) 야, 성준아! 어제 뭐했어?

아이들이 성준이와 태섭이를 둘러싸고 이야기를 한다.

영철(방어자) (태섭이 어깨에 손을 얹으며) 야, 태섭아, 너 오늘 기분 안 좋냐?
동현(방어자) (장난스럽게) 스트레스받는 걸 친구한테 풀면 안 되지. 운동

	장에 가서 축구 한판 하고 기분 풀까?
수찬, 형대 (방어자)	그래. 밖에 나가서 축구 한판 하자!

(모두가 방어자가 되는 왕따 예방 역할극에서는 가해자가 어떻게 해야 할지 모르는 상황이 발생한다. 이는 또 다른 왕따를 만들어낼 수 있는 상황이므로 가해자에 대한 비난에 그치는 것이 아니라 따뜻하게 감싸 안으면서 분위기를 바꾸는 보살핌의 언어를 아이들이 개발할 수 있는 기회를 주어야 한다.)

역할극이 끝나고 인터뷰를 한다.

모두가 방어자일 때

피해자 인터뷰

교사	모두가 도와주니까 어떤 느낌이 들어?
피해자	정말 좋아요. 따뜻한 물속에 있는 기분이에요.

(그 외의 반응들 : "구름 위를 나는 것 같아요.")

가해자 인터뷰

교사	지금 어떤 기분이 들어?
가해자	제가 왕따 된 기분이에요. 이런 상황이라면 다시는 하기 어려울 것 같아요.

(그 외의 반응들 : "모두가 멈춰를 외치는 순간 무서웠어요.", 실제 우는 아이도 있다.)

> **방어자 인터뷰**
> **교사**　지금 기분이 어때?
> **방어자**　뿌듯해요. 이제 우리 반에서 괴롭힘을 없앨 수 있을 것 같아요. 세상이 갑자기 환해진 느낌이에요.

❿ 역할극이 모두 끝난 후에는 자신의 느낌과 다짐을 간단히 글로 적어보도록 한다. 아이들이 스스로 자신의 생각을 정리할 필요가 있기 때문이다.

"마무리 활동으로 오늘 왕따 예방 역할극을 하면서 느낀 점과 자신의 약속이나 다짐을 글로 써보도록 할게요."

글을 쓴 후에는 자원하는 몇 명이 발표하도록 한다. 그리고 교사는 다음과 같은 말로 수업을 마친다.

"우리 모두가 방어자가 되는 행복한 경험을 해봤지요?"

"네!"

"앞으로 괴롭힘이 있을 때 우리 모두 어떻게 할까요?"

"방어자가 돼요!"

'왕따' 이야기 ❷ 대본 (모두가 가해자일 때)

보통 여자아이들의 따돌림은 발견하기 어려운데, 이 이야기는 학교 폭력에 대해 잘 알고 평화샘 프로젝트를 진행하는 교사와 그 반 아이들 덕분에 발견된 사례이다. 왕따 예방 역할극 대본은 교사가 없는 상태를 가정하여 구성하였다.

때　　　점심시간
곳　　　급식소
등장인물　규리, 민희, 희진, 명진, 소영, 영희, 여자아이들 2~3명

급식소에서 배식을 기다리는 여자아이들이 줄지어 서 있다. 앞에서부터 명진, 민희, 규리, 희진, 소영 그리고 여자아이 2~3명, 영희가 차례로 서 있다.

민희(가해자)　(혐오스러운 벌레를 보듯 짜증스러운 목소리로 뒤에 서 있는 규리에게) 저기로 가.
희진(가해자)　(민희와 같은 표정과 태도로 규리에게 말하며 밀친다.) 빨리, 저리로 가.
명진(가해자)　맞아, 냄새나, 빨리 가.

모두가 규리를 벌레 보듯 바라보며 웃는다.
규리는 어찌하지 못하고 주춤거리다가 느릿느릿 뒤로 가서 영희 앞자리에 서려고 한다. 그러자 그 아이들은 재미있다는 듯이 손으로 입을 가린 채 키득거리며 웃는다.

영희(가해자)　(인상을 쓰고 몸을 뒤로 한 걸음 물러서며) 왜 여기로 와, 네 자리로 가!

규리는 어디로도 가지 못한 채 울상이 된다.

'왕따' 이야기 ❷ 대본 (방어자가 1명일 때)

때　　　점심시간
곳　　　급식소
등장인물　규리, 민희, 희진, 명진, 소영, 영희, 여자아이들 2~3명

급식소에서 배식을 기다리는 여자아이들이 줄지어 서 있다. 앞에서부터 명진, 민희, 규리, 희진, 소영 그리고 여자아이 2~3명, 영희가 차례로 서 있다.

민희(가해자)　(혐오스러운 벌레를 보듯 짜증스러운 목소리로 뒤에 서 있는 규리에게) 저기로 가.

희진(가해자)　(민희와 같은 표정과 태도로 규리에게 말하며 밀친다.) 빨리, 저리로 가.

명진(가해자)　맞아, 냄새나, 빨리 가.

모두가 규리를 벌레 보듯 바라보며 웃는다.
규리는 어찌하지 못하고 주춤거리다가 느릿느릿 뒤로 가서 영희 앞자리에 서려고 한다. 그러자 아이들은 재미있다는 듯이 손으로 입을 가린 채 키득거리며 웃는다.

영희(방어자)	규리야, 왜 여기로 왔어?
규리(피해자)	(있던 자리를 힐끗거리기만 하고 아무 말을 못한다.)

영희는 민희네가 규리를 괴롭히는 것을 눈치채고, 규리 손을 잡고 민희에게 간다.

영희(방어자)	민희야, 왜 규리를 못살게 구니?
민희(가해자)	무슨 말이야? 우리가 언제 그랬다고 그래?
희진(가해자)	얘, 웃긴다 진짜. 얘가 그리로 간 거거든!

소영이와 명진이는 영희와 규리를 쳐다보며 킥킥거리고 웃는다.
영희는 할 수 없이 규리와 함께 뒷자리로 간다.

'왕따' 이야기 ❷ 대본 (방어자가 3명일 때)

때	점심시간
곳	급식소
등장인물	규리, 민희, 희진, 명진, 소영, 영희, 여자아이들 2~3명

급식소에서 배식을 기다리는 여자아이들이 줄지어 서 있다. 앞에서부터 명진, 민희, 규리, 희진, 소영 그리고 여자아이 2~3명, 영희가 차례로 서 있다.

민희(가해자)	(혐오스러운 벌레를 보듯 짜증스러운 목소리로 뒤에 서 있는 규리에게) 저기로 가.

희진(가해자)	(민희와 같은 표정과 태도로 규리에게 말하며 밀친다.) 빨리, 저리로 가.
민희(가해자)	맞아, 냄새나, 빨리 가.
규리(피해자)	(아무 이야기를 못 하고, 눈치를 본다.)
영희(방어자)	민희야, 규리한테 왜 그래?
민희(가해자)	(짜증 나는 표정으로) 네가 무슨 상관인데?
소영(방어자)	네가 규리한테 뒤로 가라고 했잖아. 내가 분명히 들었거든.
명진(방어자)	규리야, 걱정 말고 네 자리에 서 있어.

'왕따' 이야기 ❷ 대본 (모두가 방어자일 때)

때	점심시간
곳	급식소
등장인물	규리, 민희, 희진, 명진, 소영, 영희, 여자아이들 2~3명

급식소에서 배식을 기다리는 여자아이들이 줄지어 서 있다. 앞에서부터 명진, 민희, 규리, 희진, 소영 그리고 여자아이 2~3명, 영희가 차례로 서 있다.

민희(가해자)	(혐오스러운 벌레를 보듯 짜증스러운 목소리로 뒤에 서 있는 규리에게) 저기로 가.
영희(방어자)	민희야, 규리한테 왜 그래?
민희(가해자)	(짜증 나는 표정으로) 네가 무슨 상관인데?
소영(방어자)	친구를 괴롭히면 안 되지.

명진(방어자)	규리야, 걱정 말고 네 자리에 서 있어.
희진(방어자)	민희야, 네가 사과하고 우리 기분 좋게 밥 먹자.

왕따 징후 공동 관찰 프로그램

대다수 아이들은 왕따가 누구인지 알고 있다. 왕따는 몰래 괴롭히는 것이 아니라 가해자들이 교실과 학교에서 위계질서를 만들고 유지하기 위해서 공공연하게 친구를 괴롭히는 현상이기 때문이다.

그런데 왜 어른들은 알지 못할까?

피해 아이와 방관하는 아이들은 괴롭힘을 당하면서도 어른들에게 알리는 행동이 더 심한 괴롭힘으로 이어지지 않을까, 고자질쟁이로 비난받지 않을까 두려워한다. 또 또래 아이들에게 당하는 것이 자존심 상해서 얘기를 못하거나 부모님에게 걱정을 끼치는 것이 죄송해서 말을 못하기도 한다.

더 심각한 것은 부모님이나 선생님에게 말을 해봤자 아무 소용없다고 생각하는 것이다.

특히 자살을 결심할 정도로 심한 왕따를 당하는 아이들은 아무도 믿지 않기 때문에 누구에게도 얘기를 하지 않으려고 한다.

따라서 교사와 부모들이 아이들을 도우려면 아이들의 말과 행동, 표정 등을 세심하게 관찰해야 한다. 그러한 관찰을 통해서 파악되는 징후는 아이들이 보내는 침묵의 구조 요청이기 때문이다.

이때 중요한 것이 교사들의 협력이다. 담임교사 개인의 노력이 아니라 학교 구성원 모두가 함께 협력할 때만이 아이를 진정으로 도울 수 있기 때문이다. 교사들이 협력하려면 공동의 과정, 즉 손에 잡히는 생생한 공동 작업이 가능해야 하는데, 이때 필요한 것이 '왕따 징후 공동 관찰 프로그램'이다.

그러면 학교 구성원들이 함께 참여하는 '왕따 징후 공동 관찰 프로그램'은 어떻게 진행해야 할까?

왕따 징후 공동 관찰

3월 초, 교직원 공동 연수를 통해 모든 구성원들이 왕따 징후 관찰 지점을 공유하고 일정 기간(1주 ~ 2주 정도) 동안 함께 관찰을 진행한다.

"과학 수업을 한창 하고 있는데, 한번은 한 아이가 실수를 했어요. 주변에 있던 여러 아이가 그 애한테 한꺼번에 비난하는 말을 하더라고요. 더구나 멀리 앉아 있는 애들도 함께 뭐라고 하고. 좀 심하다고 생각은 했는데, 연수를 받고 보니 그게 왕따 징후인지 이제 알겠어요. 전담 수업을 하다 보면 이런 아이들이 종종 눈에 띄는데, 담임선생님하고 얘기를 해봐야겠어요."

공동 연수에 참여했던 한 초등학교 교과 전담 선생님의 말이다. 이처럼 담임교사는 학급에서, 교과 전담 교사는 교과 전담실에서, 영양교사 및 조리종사원들은 급식실에서, 그 외 복도와 운동장 등 학교 후미진 곳은 학교 행정직원들이 공동의 관찰 포인트를 가지고 함께 관찰하면서 서로 협의하는 시간을 가져야 한다.

중등의 경우도 마찬가지이다. 중등은 특히 담임교사가 학급에서 아이들과 생활하는 시간이 부족하기 때문에 교과 담당 교사들과 함께 목표와 방법을 공유하고 협의하는 시간을 가져야 한다. 그래서 교과시간에 왕따 현상이 발견될 경우 담임교사나 생활부장에게 미루지 말고 바로 개입할 수 있어야 한다. 왕따는 학급뿐만 아니라 학년 차원에서 진행되기 때문에 학년 차원에서도 함께 협의를 해야 하고, 요즘에는 학년 단위로 생활지도부가 있으니 이를 매개로 학교 차원의 생활지도 계획을 세워서 유기적으로 진행할 수 있어야 한다.

관리자의 반대로 학교 차원에서 이런 계획을 세우기 어렵다면 학급과 학년 차원에서 교사들의 자발적인 연대로 프로그램을 진행할 수 있을 것이다.

왕따 징후 관찰 포인트는 다음과 같다.

흔히 왕따 징후에 대한 자료를 찾아보면 굉장히 많은 징후들을 나

열하고 있는데, 공동 관찰에서는 핵심적인 몇 가지 포인트만을 잡아서 하는 것이 좋다. 여기서는 교사가 학교생활에서 쉽게 관찰할 수 있는 상황을 중심으로 정리해보았다.

징후 관찰 포인트

● **아이가 등·하교 시간, 쉬는 시간, 점심시간에 혼자 있을 때**

왕따 아이들의 특징은 항상 혼자 있다는 것이다.

아이들은 학교에 올 때 친구들과 함께 어울려서 오고, 혼자 오더라도 학교에 오자마자 두리번거리면서 친구들을 찾는다. 그리고 교실에 들어가면 반갑게 맞아주는 친구들이 있기 마련이다.

그런데 누구에게도 아는 체를 하지 못하고, 아무런 표정 없이 조용히 자기 자리에 앉는 아이가 있다. 이 아이는 쉬는 시간이든, 점심시간이든 늘 혼자이다. 이렇게 마치 하나의 섬처럼 다른 아이들과 어울리지 못하고 혼자 있는 아이가 있다면 그 아이는 왕따라고 볼 수 있다(물론 혼자 있는 것을 좋아하지만 함께 어울려 놀 때 자연스럽게 낄 수 있다면 그 경우는 왕따가 아니다). 그래서 아이들은 자기가 혼자가 아니라는 것, 자기가 왕따가 아니라는 것을 필사적으로 증명하려고 노력한다. 쉬는 시간과 점심시간이 되면 아이들끼리 모여서 수다를 떨고, 교실 한켠에서 공기놀이, 체스, 잡기놀이 등 다양한 놀이를 하고, 화장실을 같이 가고, 함께 다음 수업 준비를 하는 등 분주하게 움직인다.

여자아이들 파벌 내에서 발생하는 왕따는 발견하기 어렵다. 서로 잘 어울리다가 어느 날 갑자기 우울한 표정, 막연한 표정을 지으면서 혼자 있으면 그 아이는 그 파벌에서 왕따가 되었다고 판단하면 된다.

● **모둠을 구성하거나 팀을 짤 때**

간혹 교사가 학급에서 모둠을 구성하거나 팀을 짤 때 아이들에게 자율적으로 짜라고 하는 경우가 있다. 아이들은 좋아하는 아이들끼리, 친한 아이들끼리 모둠이나 조를 구성하면서 서로 부둥켜안고 좋아한다. 이때 어느 모둠에도 끼지 못하고 우물쭈물하는 아이가 있다.

교사가 "○○야, 너는 어느 모둠으로 갈 거야?"라고 묻지만 그 아이는 아무말도 못하고 아이들 눈치를 본다. 교사가 "○○이랑 같은 모둠 할 사람?"이라고 말하고 나면 아이들은 서로 눈치를 보면서 "쟤, 우리 모둠에 오면 안 되는데…….", "우리 모둠은 벌써 다 찼는데요. ○○이가 끼면 너무 많아서 안 돼요."라고 하면서 같이하기를 거부하고 교사의 말을 못 들은 척한다. 결국 교사가 이러한 상황에 대해서 화를 내거나 언짢은 표현을 하면 마지못해 한 모둠에서 "에이, ○○○. 이리 와." 하면서 데리고 간다. 하지만 아이들의 표정은 결코 흔쾌하지 않다.

체육시간에 팀을 짤 때도 마찬가지이다. 특히 잘하는 아이에게 뽑아 가기 식으로 팀을 짜게 한다면 마지막까지 뽑혀 가지 못하고 남아 있는 아이가 있다. 그 아이가 팀에 들어올 때 아이들 모두가 그 아이를 째려보며 "에이, 하필이면 우리 팀이냐?"라고 말하면서 불쾌한 표정을 짓는다면 그 아이는 왕따일 가능성이 높다.

● **짝을 정할 때**

아이들에게 누구와 짝이 되느냐는 최고의 관심사이다. 교사가 일방적으로 정해주든, 아이들이 제비뽑기를 하든 그날은 아침부터 술렁인다.

"○○이랑 짝이 되는 애는 어떡하냐?"
"나 쟤랑 짝하기 싫은데, 지난번에도 쟤랑 짝했어. 얼마나 짜증 났는데……."
등의 말을 하면서 한 아이를 지목하여 싫은 표현을 한다.
그러다가 드디어 짝이 발표되고 나면 발을 동동 구르고, 소리를 지르면서 큰 소리로 말한다.
"아, 몰라 몰라. 나 어떡해. 재수없게 쟤랑 짝 됐어."
그러면 옆에 있던 애들은 와서 위로를 한다.
"야, 어떡하냐? 안됐다.", "야, 조금만 참아." 등.
심지어 "야, ○○이가 △△ 짝 됐대."라며 노래 부르듯 놀리는 아이들도 있다.
현장체험 학습을 가기 위해 버스에서 앉을 짝을 정할 때도 마찬가지이다.
이렇게 함께 앉기를 거부당하는 아이가 있다면 그 아이는 왕따라고 보아야 한다.

- **급식소에서 줄을 설 때나 급식 후 교실로 돌아갈 때**

대부분의 초등학교에서는 급식소에 갈 때 줄을 서서 이동한다. 줄을 설 때는 키, 번호, 모둠별 순서 등 학급마다 기준을 정해서 줄을 서는데, 이때 한 아이를 중심으로 앞뒤 간격이 유난히 넓은 곳이 있다.
교사가 "여기는 왜 이렇게 사이가 떨어져 있어? 빨리 빨리 붙어서 가."라고 하면 "아니, 그냥요."라고 얼버무리지만 여전히 그 간격이 좁혀지지 않는다.
또한 아이들은 앞뒤의 아이들과 함께 수다를 떨거나 손장난을 치면서 줄을 서는데, 간격이 넓은 곳에 있는 아이와는 누구도 말을 하지 않는다. 심지어는 그 아이와 접촉하는 것도 싫어하고 혹시 닿기라도 하면 소스라치게 손사래를 치고, 아예 교사 몰래 순서를 바꾸거나 줄 맨 뒤로 그 아이를 보내기도 한다.
만약 학급에서 줄 서는 특별한 기준이 없이 선착순 등으로 줄을 선다면 항상 맨 뒤에 서 있는 아이가 누구인지 유심히 살펴보아야 한다.
급식을 먹고 교실로 돌아갈 때는 자유롭게 이동하는데, 이때 여자아이들의 경우 대다수 친한 아이들을 기다렸다가 함께 교실로 간다. 하지만 혼자 교실로 올라가는 아이가 있다면 그 아이는 왕따일 가능성이 높다. 남자아이들은 밥 먹고 바로 혼자 가는 아이들도 많아서 이 관찰 지점은 남자아이들에게는 유용하지 않은 편이다.

중등의 경우는 담임이 인솔하여 줄을 서는 것이 아니기에 혼자 급식소에 가고, 혼자 먹고, 혼자 교실로 돌아가는 아이를 유심히 살펴보아야 한다.

● **수업시간에 한 아이에게 다수의 아이들이 비난이나 야유를 할 때**
"또 쟤냐?"
"야. 네가 못하니까 우리 모둠 모두가 혼나잖아."
"너 때문에 스티커 못 받았잖아."
"네가 무슨. 네가 뭘 한다고 나서냐?"

수업시간에 다수의 아이들로부터 야유와 험담을 듣거나 잘못한 적이 없는데도 그 아이가 무슨 말을 하거나 행동을 하면 모두 낄낄대고 웃고 한마디씩 무시하는 말을 한다.

더구나 교사가 그 아이에게 무엇인가 물어보기라도 하면 다른 아이들은 "쟤 그런 것 몰라요." 하면서 아예 그 아이가 말을 할 수조차 없게 만든다. 만약 이런 아이가 있다면 왕따라고 판단해야 한다.

아이들의 이런 모습은 담임교사의 수업보다는 전담 수업시간에 특히 더 많이 나타난다. 따라서 교과 전담 교사와 함께 관찰하고 찾을 수 있는 지점이다.

● **이름보다 모욕적인 별명이나 욕설을 듣는 아이가 있을 때**
"야, ○○○ 바이러스다."
"쟤 가까이 가지 마. 바이러스 옮아."
이렇게 불리는 아이들이 있다.

'코딱지 맨', '인간쓰레기', '애자', '돼지' 등도 마찬가지이다. 아이들은 이렇게 비인간적이거나 혐오스러운 명칭으로 불리는 아이를 전혀 친구라고, 사람이라고 생각하지 않는다. 마치 학교에 있어서는 안 될 존재처럼 별명을 부르고 욕을 하면서 그 아이들을 혐오한다.

이렇듯 우리나라에서의 왕따는 다수가 자기들과 차이가 있는 소수를 무시하고 배척하는 것이 특징이다. 또 왕따를 당하는 아이가 자신이 왕따라는 것을 알고 있고, 그 집단을 이루고 있는 대다수 아이들도 누가 왕따인지를 지목할 수 있다.

● 그 외

비싼 옷이나 운동화, 게임기, 휴대전화(유심칩) 등 고가의 소지품을 자주 잃어버리거나 옷이 지저분하고 단추가 떨어지고 구겨져 있는 아이들, 교과서, 메모장, 일기장 등에 '죽이고 싶다', '죽고 싶다'와 같은 표현이 있는 아이가 있다면 아주 유심히 살펴보고 상황을 파악해야 한다.

또한 장애가 있는 아이, 다문화 가정의 아이는 항상 일차적인 관심을 가지고 관찰해야 한다.

공동 관찰 후 교사 간담회

일정 기간 동안 왕따 징후를 관찰하고 나면 반드시 교사 간담회를 가져야 한다.

간담회에서는 아이들을 관찰하는 동안 느낀 점, 왕따 징후를 보이는 아이들의 행동 특성, 아이의 가정환경, 교우관계 등 전반적인 이야기를 나눈다. 한 아이를 돕기 위해서 교사들이 머리를 맞대는 것이다.

초등학교의 경우 담임과 교과 전담 교사가 관찰한 내용이 같을 수도 있고 다를 수도 있는데 이에 대한 토론을 통해서 아이를 돕기 위한 시스템과 방법을 함께 고민할 수 있다. 교사 간담회는 학교 규모에 따라 학교 전 직원이 모여서 진행할 수도 있고, 학년에서 진행할 수도 있다.

왕따에 대한 이야기를 하면 대다수 교사들은 왕따를 당하는 아이에게 당할 만한 원인이 있다는 인식을 가지고 말한다.

"우리 반 정호 같은 경우는 애들한테 물어보니 싫어하는 이유가 다 있더라고요. 정호의 말투가 항상 시비를 거는 말투거든요. 걔가 끼면 항상 싸움이 생기니까 애들이 같이 놀지 않으려고 하는 거예요."

"그러게요. 우리 반 장애 아이인 유찬이도 좀 그런 성향이 있어요. 계속 몸을 긁고, 코를 후비고, 교실 아무 데서나 방귀를 뀌어요. 애들 얼굴 앞에서 그러니까 애들이 이해하려고 하다가도 자꾸 짜증을 내더라고요. 그럴 때는 저도 참 뭐라고 할 수가 없어요."

하지만 왕따 아이가 보이는 이러한 행동은 아토피, 비염 등 건강상의 문제나 장애를 가지고 있기 때문에 나타날 수도 있고, 가정형편상 부모의 보살핌이 부족해서 나타날 수도 있고, 과거 폭력 피해 경험의 결과로 나타날 수 있는 행동들이다. 그렇기 때문에 어떠한 행동도 다수의 아이들이 그 아이를 왕따시킬 수 있는 이유가 되지 못한다는 것에 대해 인식을 공유해야 한다.

또한 왕따가 있으면 반드시 학교 폭력 담당 교사에게 알리고 상담과 조사를 통해 정확한 상황을 파악해야 한다.

학년별로 교사 간담회가 열린다면 논의된 내용을 간략히 정리하여 학교 폭력 담당 교사에게 알린다. 학교 폭력 담당 교사는 이런 내용을 정리, 요약해서 학교 차원에서 공유할 수 있도록 한다.

관찰 후 상담하기

학기 초 교사가 '왕따 징후 공동 관찰 프로그램'을 진행하면 누구나 왕따 징후를 보이는 아이들을 발견할 수 있다. 왕따 징후를 보이는 아이를 발견하면 바로 그 아이와 상담을 하면서 왕따 상황을 구체적으로 확인하고 왕따 상황에 따라 긴급 조사(백지 설문)를 진행한다. 상담은 다음과 같이 진행하며 이후 대응 방법은 4장을 참고한다.

[확인사항]
- 상담 장소는 조용하고 아늑하며 독립된 공간이어야 한다.
- 교사가 아이를 끝까지 돕고 보호할 것임을 밝힌다.

[상담개요]
- 아래의 내용은 상담 시 어떻게 이야기할 것인가에 대한 개요이다.

"요즘 점심시간이나 쉬는 시간에 보니 주로 혼자 있고, 친구들이 너에게 비난하는 말을 함부로 하는 것 같은데, 혹시 무슨 힘든 일이 있니?"
"선생님은 너를 정말 돕고 싶어."

- 상담과정에서 아이가 다른 아이들로부터 따돌림을 받고 있거나 왕따라는 사실을 알았을 때는 다음과 같이 이야기할 수 있다.

"그동안 많이 힘들었겠다. 진작 도와주지 못해 미안해."
"혹시 부모님은 알고 계시니?"
"누가 주로 너를 왕따시키는지, 어떻게 왕따시키는지 좀 더 자세히 얘기해 줄래?"
"이 문제를 해결하기 위해 나와 부모님 그리고 친구들은 할 수 있는 모든 일을 할 거야."
"언제든지 어려움이 생기면 찾아오거나 전화해주면 좋겠어."
"내 전화번호는 ○○○-○○○○-○○○○야."
(담임교사가 아닐 경우 연락처를 준다.)
"부모님과 나는 너를 끝까지 도울 거야."
"나를 믿고 얘기해줘서 고마워."

[주의할 점]
- 취조하듯 묻지 않는다.
- 아이가 본인이 왕따인 것을 부정하거나 인정하고 싶어 하지 않을 수도 있다. 따라서 한 번의 상담으로 끝내려 하지 말고 지속적으로 상담을 하며 아이의 마음을 열어 주변 관계를 파악할 수 있어야 한다.

설문조사와 제보를 통한 왕따 파악하기

설문조사

학교 차원에서 왕따의 실상을 파악하기 위해서 반드시 진행해야 하는 것이 학교 차원의 공식적인 설문조사이다. 제보를 통한 조사와 관찰 및 상담을 통한 조사는 구체적인 사례는 알 수 있지만 학교 전체적인 양상을 파악할 수는 없기 때문에 분기별로 설문조사를 진행한다.

학교 차원에서 진행하는 왕따 설문조사는 왕따에 대한 아이들의 인식과 목소리를 전면적으로 드러내기 위함이다. 이 과정에서 학교가(또는 교사가) 왕따 현상에 대해서 잘 알고 이를 해결하겠다는 학교 차원의 분명한 의지를 보여주는 것이 중요하다.

설문조사는 학생, 부모, 교사 모두를 대상으로 하고, 그 결과를 비교한다.

또한 설문조사는 일진조사와 병행하여 진행하는 것이 좋다. 전따의 경우는 일진 아이들에 의해서 만들어질 가능성이 많고 이러한 조사를 통해 일진과 왕따의 연관성, 일진 아이들의 행태 등을 구체적으로 파악할 수 있기 때문이다.

설문조사 어떻게 할까?

설문조사 전에 할 일
- 설문조사 계획 공유하기
  - **대상** 전 직원 또는 동 학년 교사 연수
  - **시기** 3월 초(설문조사 진행하기 1, 2주 전 정도)
  - **내용** 조사의 목표와 원칙 공유

설문조사
- 설문조사 진행하기
  - **시기 및 횟수** 3월 2주~3주, 10월 1주(최소 2회)
  - **대상** 전교생 또는 동 학년 학생
  - 조사지는 부록 참고
  - 설문조사에 앞서 담임교사는 아이들에게 다음과 같은 분명한 메시지를 전달한다.

  "우리 학교는 그 어떤 폭력도 절대 용납하지 않을 것이다."
  "왕따는 죽음에 이르는 심각한 폭력이다."
  "왕따는 우리 모두가 가해자이기 때문에 솔직히 인정하고 드러내는 것부터 해결의 과정을 만들어보자."

설문 분석 및 결과의 활용
- 설문조사 분석하기
  분석은 조사 후 1주일을 넘기지 않는다.
- 조사 결과를 학교 구성원들과 공유하기
- 왕따 발생 시 대처 매뉴얼대로 진행하기

설문조사 시 주의할 점

- 설문조사는 매년 같은 시기에 실시한다. 그 시기 일반적으로 나타나는 학생 행동을 파악할 수 있고 다음 해 조사 결과와 비교를 통해 신뢰성 있는 자료를 축적할 수 있기 때문이다.
- 반드시 익명으로 실시한다. 이는 왕따를 제보하는 아이들의 두려움을 해소하고 보호하기 위한 것이다. 설문조사를 할 때 다시 한 번 강조한다. "이 설문지는 여러분의 이름을 쓰지 않아도 됩니다. 이렇게 하는 이유는 아무도 여러분이 각각의 질문에 대해 어디에 답을 표시했는지 알지 못하도록 하기 위해서예요."
- 자리배치는 가능하면 서로 띄워 앉아 독립적인 공간을 확보하며, 가림막을 설치할 수 있으면 더욱 좋다.
- 사전 예고 없이 동시에 실시한다. 일진 아이들이 자신들이 가지고 있는 네트워크를 통해 협박을 하거나 설문 내용을 조작할 수 있기 때문이다.
- 1, 2학년의 경우 설문을 크게 읽어주고, 질문의 의미를 설명해주어 교사의 안내에 따라 설문지를 작성할 수 있게 한다.
- 설문지는 교사가 직접 수거하여 철저하게 보안을 유지한다. 이때 피해 아이 사례는 교사만 알 수 있도록 표시한다.
- 피해 사례를 쓰는 아이가 표시 나지 않도록 모든 아이가 무언가 쓸 수 있는 것을 내준다(예시, 평화에 대한 시 등).
- 중등의 경우 온라인 조사도 할 수 있다. 중등의 특성상 가장 확실하게 비밀이 보장되어야 안심하고 답할 수 있기 때문이다.

제보를 통해 파악하기

왕따를 당하는 아이가 교사에게 와서 이야기하는 것은 쉽지 않다. 하지만 학교 차원에서 명확한 목표와 원칙을 가지고 왕따 문제를 해결하겠다는 의지가 표명되고 교사들이 적극적으로 나서면 아이들이 교사를 믿고 사실을 드러낼 수 있는 용기를 갖게 된다.

따라서 아이들이 교사에게 와서 제보를 한다면 그것은 교사에 대한 신뢰와 이 문제가 해결될 수 있다는 기대감이 생긴 것이기 때문에 자부심을 가져도 좋다. 만약 교사가 이 상황에서 잘못 대응하면 어떻게 될까? 다음 두 가지 사건을 통해서 알아보자.

2011년 3월에 따돌림을 당하던 청주의 한 고등학생이 휴대폰의 유심칩을 친구가 돌려주지 않는다고 담임교사에게 도움을 청했다. 그때 담임교사는 "수업이 없을 때 찾아줄 테니 걱정하지 마라."라고 하면서 돌려보냈다. 하지만 아이는 교실로 가지 않고 옥상으로 올라가 투신했다.

2011년 12월에는 대전의 여고생이 따돌림 문제로 담임교사에게 도와달라고 했다. 담임교사는 "이건 친구들끼리 문제니까 내가 개입할 일이 아닌 것 같다. 너희끼리 해결하는 게 맞는 것 같다."고 돌려보냈고, 선생님에게 찾아가 이야기한 사실을 안 가해자들이 압력을 가하자 그날 아파트 옥상에서 투신했다.

이 사건에서 보이는 것처럼 중·고등학생이 교사에게 찾아가 상담을 요청하는 것은 죽기 직전 마지막 구조 요청일 수 있다는 것을 우리 사회가 인식해야 한다. 담임교사가 즉시 상담을 할 수 없다면 학교 폭력 담당 교사나 보건교사 또는 교감선생님이 피해 학생을 상담하고, 긴급 조치를 취하게 해야 한다. 긴급 조치에는 피해자 보호와 긴급 조사가 있다.

왕따 피해 아이가 전따인지, 학급에서만 왕따인지에 따라 학년 또는 학급 차원에서 모든 아이들에게 백지 설문을 받는다.

긴급 조사를 할 때 교사는 다음과 같은 이야기로 시작한다.

"우리 반에 왕따를 당하는 친구가 있다는 이야기를 들었어. 왕따를 주도한 친구도 있고, 보고도 모른 척 방관한 친구도 있어. 우리는 그 모든 행위가 괴롭힘이라는 것을 이미 알고 있어. 따라서 지금 너희들이 왕따시키는 행동을 당장 멈춰야 해. 그리고 이런 일이 우리 반에 생긴 것에 대해 선생님도 책임이 있다고 생각해. 그동안 친구를 왕따시켰던 일과 관련해서 직접 하거나 당했던 일, 본 일에 대해 솔직하고 자세하게 써주길 바란다."

긴급 조사 이후 대처 방법은 4장을 참고한다.

왕따 예방, 부모와 함께하기

우리 사회에서 학교 폭력이 심각해지고 사건 발생 이후에도 부모들 사이에 갈등이 심각해지는 데에는 "절대 기죽어서는 안 된다. 알았지?", "너도 맞지 말고 때려."라는 부모의 인식이 밑바닥에 깔려 있다. 따라서 학교에서 학교 폭력 대책을 세울 때 부모들과 공동의 목표를 정하고 서로 어떤 역할을 해야 할지, 어떻게 협력할지에 대한 계획을 세우는 것이 중요하다.

평화샘 프로젝트는 부모와 함께할 수 있는 프로그램으로 '왕따 징후 교사·부모 공동 관찰', '부모 왕따 예방 역할극', '사건 발생 시 부모와 함께하는 대처 매뉴얼'을 제시한다.

이 프로그램을 3월 학부모 총회나 학급 부모 모임에서 제안하고, 가정통신문, 홈페이지를 활용하는 등 다양한 방법을 통해 부모와 공유한다. 특히 지속적인 소통과 만남을 위해 학교나 학급에서 정기적인 부모 모임을 만들어 진행하면 더욱 좋다.

부모와 왕따 예방 역할극 하기

다음은 평화샘 모임의 김 선생이 학급에서 부모와 왕따 예방 역할극을 진행한 사례이다.

김 선생은 부모들에게 연수에 대한 안내장을 보냈다. 6명의 엄마가 모였는데 어색한 분위기를 풀기 위해서 공동체 놀이를 시작했다. 역할극은 먼저 성준이 일화를 같이 읽는 것으로 시작했다. 일화만 읽었는데도 엄마들 사이에서 '휴우.' 하는 탄식이 새어 나왔다. 김 선생이 먼저 왕따 피해자 역할을 했다. 처음엔 선생님에게 어떻게 그런 말을 하느냐며 머뭇거려서 몇 번 연습을 해야 했다.

김 선생이 교실 문을 들어서자 지인이 엄마와 찬후 엄마가 말했다.

"야, 쟤 죽지 않고 또 왔네."

"그러게 말이야. 난 쟤만 보면 짜증 나."

태연이 엄마는 힐끗 쳐다보고는 다시 책을 읽었다. 김 선생이 다가가 "안녕?"이라고 말하자 영민이 엄마는 고개를 획 돌려버린다.

김 선생이 떨리는 목소리로 왕따가 되어본 경험을 이야기했다.

"정말 제가 있을 자리가 없는 것 같아요. 얼음벽에 둘러싸인 느낌이에요."

다음을 이어가야 했지만 엄마들은 정말 못 하겠다며 선뜻 나서지 못했다. 그때 정현이 엄마가 용기를 내서 해보겠다고 나서니 다른 엄마들도 돌아가며 참여했다.

"이거 지옥이 따로 없네요."

"역할극인 줄 알았고, 엄마들이 심하게 하지 않았는데도 너무 힘들어요."

"여기 가슴이 꽉 막혀서 말이 안 나오네요."

역할극을 끝낸 뒤 엄마들의 반응이었다. 혜연이 엄마가 왕따 역할을 할 차례가 되었을 때 어쩔 줄 몰라 하더니 급기야 눈물을 흘리셨다.

"제 딸이 왕따였어요. 전 그때 신경 쓰지 말고 그냥 네 일만 잘하면 된다고 말했는데, 그 말이 얼마나 폭력이었는지 알겠어요."

엄마들은 흐느껴 우시는 혜연이 엄마의 어깨를 다독이며 정말 많이 힘드셨겠다고 함께 위로하였다. 엄마들은 가족과 함께 왕따 예방 역할극을 해보고 무엇을 할 수 있을지 토론해보겠다는 약속을 했다.

왕따 징후 교사·부모 공동 관찰 프로그램

한 아이가 교실에서 다른 아이들과 어떤 관계를 맺고 있으며 왜 그런 괴롭힘을 당하는지 잘 아는 것은 교사이다. 이와 달리 부모는 아이들이 관계의 변화 속에서 느끼는 감정이나 태도의 변화를 민감하게 파악할 수 있다. 따라서 부모들이 아이들의 사소한 변화를 파악하면 바로 교사에게 알릴 수 있게 하는 것이 문제 해결을 위해 아주 중요하다.

이를 위해 학교는 부모들이 아이의 상태나 변화를 같이 관찰할 수 있도록 방법을 알려주어야 한다. 그리고 징후를 발견했을 때 바로 학교에 연락하여 함께 대응할 수 있도록 해야 한다. 이러한 내용을 학기 초 부모 모임이나 안내장을 통해 공유한다.

부모들이 관찰할 수 있는 징후

● **비싼 옷, 고가의 소지품 등 물건을 자주 잃어버린다.**
학교에서 누가 일부러 물건을 숨겼거나 빼앗겼을 가능성이 있다. 고가의 새 옷이나 물건을 잃어버렸다고 하거나 친구에게 빌려주었다고 둘러댈 때는 자세히 알아보아야 한다. 2011년 12월 대구에서 자살한 중학생도 고가의 새 옷을 잃어버렸는데도 부모가 그것의 의미를 알지 못하고 지나친 것이 비극으로 이어졌다.

● **교과서, 메모장, 일기장 등에 '죽이고 싶다.' 혹은 '죽고 싶다.'와 같은 낙서가 있다.**
아이들은 무의식중에 자기표현을 한다. 수업을 하다가 또는 숙제를 하면서 가해 아이가 생각나면 분노와 적대감을 가지기 마련이고, 그러한 감정을 교과서나 메모장에 낙서로 표현한다.
이러한 표현이 발견되면 꼭 원본을 보관하거나 복사해놓아야 한다. 부모가 학교를 찾아가거나 법적인 절차를 밟을 때 중요한 증거로 제시할 수 있다.

● **잠을 잘 못 자거나 악몽을 꾸고 한밤중에 자주 깬다.**
따돌림이 지속되면 아이는 항상 불안하고 예민해지면서 불면증이 생겨 잠을 잘 잘 수 없게 된다. 또한 나쁜 기억들이 자꾸 떠올라서 누군가 자신을 죽이거나 괴롭히는 악몽을 자주 꾸게 된다. 아이가 잠을 잘 자지 못해 무척 피곤해하면 왜 그런지 자세히 물어서 이유를 확인해보아야 한다.

● **용돈이 부족하다고 하거나 지나치게 많은 학용품 비용을 달라고 한다.**

얼마 전에 준 용돈을 금세 쓰는 일이 잦아지거나 용돈을 올려달라고 자주 떼를 쓰거나 학용품 준비 비용을 지나치게 많이 달라고 한다면 이것도 위험신호이다. 아이의 생활에 문제가 생겼거나 누구한테 갈취당하는 것이 원인일 가능성이 높다. 이때 짜증을 내고 야단을 칠 것이 아니라 무슨 일인지 인내심을 가지고 심도 깊은 대화를 해야 한다.

● **원인 불명의 두통, 복통, 식욕저하 등의 증세를 나타내며 학교 가기를 싫어한다.**

학교 갈 시간이 다가오면 머리가 아프다거나 갑자기 배가 아프다고 하소연하면서 학교 가기를 싫어하거나 별 이유 없이 지각, 조퇴가 많아지는 것 역시 왕따로 인한 스트레스 때문에 학교를 기피하는 것일 가능성이 있다. 일단 병원에서 검사를 받아보고 원인을 알 수 없다면 아이와 차분하게 대화를 하여 학교생활이나 친구관계에 문제가 없는지 알아보아야 한다.

● **인터넷 채팅이나 핸드폰 사용 시간이 부쩍 늘었다.**

인터넷 채팅이나 카카오톡을 하면서 불안해하고 안절부절못하는 것도 위험신호이다. 평소에 사용하지 않는 거친 말씨나 공격적인 행동을 보인다면 학교에서 당하는 괴로운 마음을 집에서 쏟아내는 것일 수 있다.

만약 피해가 발견되면 인터넷 채팅에서 오고 간 대화나 카카오톡 내용을 캡처해두거나 사진을 찍어놓는다.

● **친구가 없거나 친구를 피한다.**

아이가 평소에 친구 이야기를 하지 않거나 집에 데리고 오지 않는다면 아이가 맺고 있는 관계를 세밀하게 살펴보아야 한다. 아이들이 있는 곳을 피해 숨어 다니거나 넓은 길로 안 가고 아이들이 없는 곳으로 가려고 한다든지 친구에게서 전화가 오면 깜짝 놀라는 반응을 보인다면 아이가 왕따인지 의심해보아야 한다. 평소에 친하던 아이들하고 잘 만나지 않거나 피하려고 한다면 그룹 내에서 왕따가 되었을 가능성이 많다

사건 발생 시 부모의 대처 방법 안내하기

사건이 발생했을 때 부모들은 당황하기 마련이다. 피해자 부모는 어떻게 할 줄 몰라 혼란스러워한다. 평상시에 왕따 문제가 심각하다고 이야기하는 사람들도 막상 자신의 아이가 가해자라고 하면 사소한 문제로 축소하면서 피해자에게 책임을 전가한다. 따라서 사건이 발생한 뒤에 대처 방법을 알려주는 것은 이미 늦다. 학기 초에 다음과 같은 대처 방법을 합의해야 한다.

내 아이가 피해자일 때

❶ 절대 아이를 탓하는 말을 하지 말아야 한다.

"네가 학교에서 어떻게 하기에 다른 애들이 따돌리니?"

"분명 너한테도 잘못이 있으니까 그러는 것이 아닐까?"

많은 부모들이 자신의 아이가 왕따라는 것을 알게 되었을 때 보이는 반응이다. 이러한 말을 듣게 되면 아이는 부모조차 자신을 보호할 의지가 없는 것이라고 믿게 되고 마음을 닫아버린다.

아이가 왕따라는 사실을 알았을 때 가장 먼저 아이의 마음을 어루만지고 그 고통을 함께하는 것이 중요하다.

"그동안 얼마나 힘들었니? 네가 학교 가기 싫다고 했을 때 엄마가 알았어야 했는데 정말 미안해."

❷ 문제 해결을 위해 부모가 끝까지 노력한다는 것을 아이에게 확신시켜야 한다.

이 상황에서 피해자 부모에게 중요한 것은 당황하지 말고 의연한 태도를 가지는 것이다. 부모가 당황하는 모습을 보일 때 아이는 더욱더 암담해지면서 위축될 수 있기 때문이다. 의연한 태도로 다음과 같은 말을 해보자.

"이 문제가 제대로 해결되어 네 마음의 상처를 치유하고 친구들과의 관계가 회복될 때까지 엄마랑 아빠는 할 수 있는 모든 일을 할 거야. 그리고 해결될 때까지 절대 물러서지 않을 거야."

❸ 가족회의를 통해서 함께 규칙을 정한다. 이때 중요한 것이 폭력에 대처하는 4대 규칙이다.

가족회의를 통해 아이의 아픔에 공감하고 가족 모두가 이 문제를 해결하기 위해 최선을 다할 것을 약속한다. 또한 폭력에 대처하는 가족 규칙을 만들어 매 상황에서 어떻게 말하고 행동할지 역할극을 통해 연습한다.

평화로운 공동체를 위한 4대 규칙

1. 우리는 다른 친구들을 괴롭히지 않을 것이다.
2. 우리는 괴롭힘당하는 친구들을 도울 것이다.
3. 우리는 혼자 있는 친구들과 함께할 것이다.
4. 만약 누군가가 괴롭힘당하는 것을 알게 되면 우리는 학교나 집의 어른들에게 이야기할 것이다.

▶

평화로운 우리 가족을 위한 4대 규칙

1. 우리 가족은 어떠한 폭력도 행사하지 않을 것이다.
2. 우리는 가족 내에서 일어나는 어떠한 폭력에 대해서도 방관하지 않을 것이다.
3. 우리는 가족 내에서 소외되는 사람이 없도록 할 것이다.
4. 우리는 폭력을 보게 되면 누구라도 멈춰를 하고 가족회의를 한다.

[평화로운 우리 가족을 위한 4대 규칙 예시]

❹ 피해 사실을 증명할 수 있는 증거 자료들을 확보한다.

아이는 처음에는 말을 하려고 하지 않지만 부모의 의지를 확인하고 보호받을 수 있다는 믿음이 생기면 이야기를 하기 시작한다. 그때 아이에게 피해 사실을 구체적으로 물어 육하원칙에 따라 정리해둔다. 그리고 친구들의 증언을 진술서나 녹음 자료로 받아두고, 휴대폰 문자나 카카오톡 채팅 내용도 증거 자료로 확보한다.

❺ 학교에 알려 해결방법을 찾는다. 학교가 아이를 돕기 위해서 어떤 방법을 갖고 있는지 파악하고 교사와 함께 아이를 도울 수 있는 친구관계를 만들어주어야 한다. 가해자 부모에 대한 학교의 책임 있는 중재도 요청한다.

내 아이가 가해자일 때

❶ '폭력은 절대 용납할 수 없다.'는 것을 아이에게 분명히 알린다.

많은 부모들이 자기 아이가 가해자라는 것을 알게 될 때 그 사실을 인정하지 않으려고 한다.

"네가 정말 괴롭혔니?"
"넌 절대로 그렇게 하지 않았을 거야. 그렇지? 엄마는 널 믿어."

그러면 아이는 부모의 요구와 기대에 따라 거짓말을 하기 마련이다. 그리고 이러한 행동으로 인해 사태는 더욱 악화될 수 있다. 좋은 부모라면 사실을 그대로 인정하고 이를 교육의 기회로 삼아야 한다. 부모가 먼저 할 일은 자신의 아이가 피해자 아이의 아픔을 알도록 도와주는 것이다. 다음과 같은 말로 아이의 마음을 열어보자.

"학교에서 보내온 안내장을 보고 왕따당하는 친구가 얼마나 아팠을까 생각하니 눈물이 났어."
"친구를 왕따로 만드는 것은 절대 용납할 수 없는 일이야."
"네가 그 친구를 어떻게 왕따시켰는지 엄마한테 사실대로 말해주겠니? 그래야 그 친구를 어떻게 도울 수 있을지 방법을 찾을 수 있어. 그리고 네가 그 친구에게 진심으로 사과하고 너의 행동에 대해 책임질 수 있도록 엄마, 아빠가 도와줄게."

❷ 가족회의를 통해 폭력에 대처하는 가족 규칙을 만든다. 폭력에 대처하는 4대 규칙 중 괴롭히지 않는다는 규칙에 대한 깊이 있는 토론을 한다.
그리고 아이의 친구관계와 학교생활에 관심을 가지고 대화할 수 있는 시간을 정기적으로 마련하는 것이 좋다.

❸ 가족들끼리 왕따 역할극을 통해 피해자의 입장에 공감하는 힘

을 길러준다.

❹ 담임교사, 학교장, 책임교사와 아이를 돕기 위한 협력 방안을 논의한다.

❺ 부모가 피해 아이와 그 부모에게 먼저 사과하고 아무리 작은 피해라도 보상할 것이 있으면 보상해야 한다. 사과만 하고 보상을 하지 않겠다는 태도는 책임지는 태도가 아니다. 이로 인해 발생하는 갈등도 심각하기 때문에 아주 중요시해야 할 부분이다. 이렇게 부모가 책임지는 모습을 보여준다면 아이가 다른 아이를 괴롭히지 않을 가능성이 훨씬 높아진다. 대다수 아이들은 부모를 사랑하기 때문에 부모를 생각해서라도 괴롭히지 않을 것이고 부모를 미워하던 아이라도 자기 부모가 자신을 얼마나 사랑하는지 확인할 수 있는 기회가 된다.

내 아이가 방관자일 때

❶ 방관도 폭력이라는 것을 분명히 알려주어야 한다.

"너도 다른 애들이랑 같이 괴롭혔니?"
"넌 절대 안 괴롭혔지. 그렇지?"

방관하는 아이의 부모들은 학급에서 왕따 사건이 발생하면 이런 말로 무관함을 확인하려고 한다. 그러나 방관자가 가해자라는 것을 부모가 이해한다면 전혀 다른 방식으로 대처할 수 있게 된다.

"오늘 선생님으로부터 너희 반에 왕따가 있다는 것을 알게 되었어. 그 친구를 제외한 다른 아이들 모두가 괴롭혔다는 것도 알고 있어. 나는 다른 부모들과 함께 이 문제를 해결하기 위해서 노력할 거야. 먼저 피해 아이와 그 부모에게 사과하는 것이 중요해. 내가 먼저 할 테니까 너도 같이하면 좋겠어."

❷ 폭력에 대처하는 가족 규칙을 만든다. 부모에게 알리는 규칙에 대한 깊은 토론을 한다. 또 왕따당하는 아이를 집에 초대하고 함께 놀 수 있는 기회를 제공한다.

❸ 방어자로 행동하는 방법을 가르친다. 괴롭힘의 초기 단계에서는 "참아.", "말로 하자." 등 중재할 수 있는 말을 가르치고 심각한 괴롭힘 상황에서 개입하는 방법도 알려준다. "멈춰!"를 외치는 것도 좋고, 무서우면 담임교사나 가까이 있는 어른들에게 바로 알리는 방어 행동도 연습한다.

4장

왕따 발견 시 대처 매뉴얼

"선생님 반에 왕따가 발견되었을 때 어떻게 대처하셨어요?"
"왕따시키는 아이들을 불러서 하지 말라고 타일렀죠. 그런데, 그렇게 했더니 다음에는 더 은밀하게 따돌려서 어떻게 해야 할지 모르겠더라고요."
"전 무섭게 했죠. 패기도 하고……."
"좀 딱하잖아. 그런 애들은 내 주변을 빙빙 돌고 그래서 그냥 옆에 있게 하고 내가 좀 잘해주는 거지, 뭐."
"그렇긴 한데, 그 애도 문제가 있어서 참 어려워."

이처럼 교사들은 왕따라는 동일한 문제에 대해 각자의 스타일에 따라 다르게 대처하고 있는 것이 현실이다. 모든 교사가 같은 원칙과 방법으로 접근한다면 어떨까?
평화샘 프로젝트를 실천하는 교실에서는 왕따에 대한 동일한 원칙과 방법으로 접근하기 때문에 왕따 문제가 생기지 않거나 생기더라도 초기에 멈춰와 역할극을 통해 해결해갈 수 있다. 그런데 전따의 경우 그렇게 단순하지가 않아서 학교, 학년 차원의 프로그램이 필요하다. 평화샘 프로젝트 왕따 예방 및 대처 매뉴얼을 진행해본 교사들의 말이다.

"원칙을 합의하고 교사들이 공동 대응하니까 자신감이 생겼어요."
"왕따 문제가 생겨도 언제든 같이 이야기하고 도움을 받을 수 있어서 좋았어요."

왕따 예방 및 대처 매뉴얼은 왕따를 발견했을 때 교사가 어떤 원칙을 가지고 어떻게 협력하고, 어떻게 대처해야 하는지 구체적인 방법을 담고 있다. 매뉴얼을 가지고 있으면 위기 상황에 침착하게 대처할 수 있고, 동일하게 행동할 수 있기 때문에 혼란을 줄이고 신속한 대처가 가능하다.

설문조사를 통해 왕따가 발견되었을 때는 다음에 제시된 순서에 따라 신속하게 대처한다. 그러나 징후나 제보를 통해 왕따가 발견되었을 경우는 제보자와 피해자 보호를 위해 긴급 조사(백지 설문)를 먼저 하고, 매뉴얼의 순서에 따라 진행하도록 한다.

1) 피해 아이 상담과 진술서 작성

왕따 조사를 통해 누가 왕따인지 확인이 되면 피해 아이와 즉시 상담을 한다.

피해 아이 상담을 할 때는 가장 먼저 위축되고 불안한 마음을 위로한다. 그리고 학교에서 선생님과 부모들이 협력하여 반드시 왕따 문제를 해결할 것임을 알려주어 피해 아이가 안심하고 이야기할 수 있도록 돕는다.

상담을 할 때는 담임교사뿐만 아니라 책임교사, 학교 관리자 또는 전 담임 등 아이와 친밀한 관계를 형성한 교사가 함께 진행한다. 이때 대화는 교사 중 한 명이 주도한다.

상담 장소는 아이가 편안하게 느낄 수 있는 곳에서 한다.

상담 후에는 반드시 진술서를 작성하도록 한다. 피해 아이 진술서는 사건 해결과정에서 가장 중요한 자료이다. 진술서에는 누가, 언제, 어디에서, 어떻게 따돌리고 괴롭혔는지 육하원칙에 따라 자세하게 써야 한다. 가능하면 본인 자필로 써야 하지만, 어려워할 경우에는 교사가 진술서를 작성하고 피해 아이의 확인을 받는다.

피해 아이 상담을 하다 보면 자신이 왕따가 아니라고 극구 부정하는 아이가 있다. 이것은 왕따를 당하던 초기에 도와달라는 신호를 보냈으나 주변 어른들이 반응하지 않았기 때문에 아무도 믿지 않게 된 경우이다. 이러한 아이를 변화시키려면 교사와 부모가 문제를 해결할 수 있다는 확신을 주어야 한다.

피해 아이 상담 전략

❶ 진심 어린 위로와 사과를 한다.

"그동안 무척 힘들었지? 이런 일을 미리 학교에서 파악하지 못해서 상처를 입은 것에 대해서는 정말 미안해. 이것은 왕따 사건이고 선생님과 학교는 절대 용납하지 않을 거야."

"나뿐만 아니라 모든 선생님들이 미안하게 생각하고, 널 돕기 위해 나설 거야."

"모든 친구들과 부모님들 역시 널 돕게 될 거야."

❷ 피해 상황을 파악한다.

"너에게 어떤 일이 일어났는지 자세히 이야기해주겠니? 네가 떠올리고 싶지 않을 거야. 하지만 그 상황을 기억하고 이야기하는 것은 매우 중요한 일이야. 그래야 여기 있는 선생님과 부모님이 너를 제대로 도울 수 있어."

"다른 아이들이 너를 어떻게 괴롭혔는지 자세히 이야기해주겠니?"

아이가 전체 상황을 파악하지 못하고 부분적인 상황만을 기억할 수도 있다. 이때는 아이가 기억하는 상황을 연결해서 파악할 수 있도록 하는 상담 요령이 필요하다. 한 번의 상담으로 어렵다면 두세 번 상담하면서 아이가 기억을 떠올리도록 해야 한다. 아이의 일기 등을 참고할 수 있다.

설문조사나 다른 아이들의 제보로 왕따 피해 아이가 발견되었을 경우, 피해 아이가 피해 사실을 부인할 수도 있다. 보복에 대한 두려움이나 문제 해결에 대한 믿음이 없기 때문이다. 교사는 왕따를 당한 사실을 정확히 알고 있다는 것과 피해 아이에 대한 보호 조치 및 이후 학교의 계획에 대해 분명하게 알려주어 안심하고 이야기할 수 있는 여건을 조성하는 것이 중요하다. 오랫동안 왕따를 당한 아이는 공동체에 대한 기대와 신뢰를 회복하기까지 시간이 걸린다는 것을 교사는 이해해야 한다.

❸ 피해 아이의 감정을 표현하게 한다.
"아이들이 너를 괴롭힐 때 어떤 기분이 들었니?"

피해 아이가 자신의 감정을 표현하도록 하는 것은 매우 중요하다. 아이가 주관적으로 어떻게 느끼느냐는 것 역시 상황을 파악하는 데 중요할 뿐 아니라 그러한 대화 속에서 치유될 수 있기 때문이다.

❹ 끝까지 해결하겠다는 의지를 표현한다.

"이런 일이 생겨서 정말 마음이 아파. 넌 더 이상 이런 일들을 혼자 견디지 않아도 돼. 너를 괴롭히는 일이 멈출 때까지 학교에서는 할 수 있는 모든 일을 할 거야."

❺ 앞으로의 계획을 알려주고, 준비할 수 있도록 한다.

"앞으로 학교에서는 모든 아이들에게 너를 괴롭힌 것에 대한 조사를 하고, 부모님들에게도 상황을 알리고 너를 도울 수 있는 방법을 찾도록 할 거야. 아이들이 너를 괴롭힌 것에 대해 반성하고, 너에게 직접 사과할 수 있도록 할게."

"친구들이 너에게 사과할 때 어떻게 받으면 좋을지 생각해보자."

교사가 신뢰를 줄 수 있는 표정과 동작, 활달한 표현으로 아이가 좀 더 자신 있게 이야기할 수 있는 분위기를 만든다.

2) 피해 아이 보호 조치

피해 아이와 상담을 한 후에는 피해 아이 보호 조치를 바로 실시해야 한다.

왕따 피해 아이를 보호하기 위해서 가장 먼저 할 일은 피해 아이 부모에게 바로 알리는 것이다. 그래야 부모가 아이를 보호할 수 있는 조치를 함께 취할 수 있기 때문이다.

다음으로는 학교 폭력 전담기구에 알려 학교 차원에서 함께 대처할 수 있도록 해야 한다.

학급에서는 아이들에게 백지 진술서를 받는다. 자세한 내용은 '백지 진술서 작성'을 참고한다.

마지막으로 피해 아이가 특정한 아이와 격리를 원하거나 상황이 심각할 경우, 학교장이 문제 해결을 논의하는 일정 기간 동안 가해 아이와 격리 조치를 할 수 있게 해야 한다. 이는 최근 개정된 학교 폭력 예방 및 대책에 관한 법 시행령 21조(가해 학생에 대한 우선 출석정지 등)[1]에 근거한 것이다.

---

1) 학교 폭력 예방 및 대책에 관한 법 시행령 제21조(가해 학생에 대한 우선 출석정지 등) 법 제17조 제4항에 따라 학교의 장이 출석정지 조치를 할 수 있는 경우는 다음 각 호와 같다.
  1. 2명 이상의 학생이 고의적·지속적으로 폭력을 행사한 경우
  2. 학교 폭력을 행사하여 전치 2주 이상의 상해를 입힌 경우
  3. 학교 폭력에 대한 신고, 진술, 자료제공 등에 대한 보복을 목적으로 폭력을 행사한 경우
  4. 학교의 장이 피해 학생을 가해 학생으로부터 긴급하게 보호할 필요가 있다고 판단하는 경우

3) 피해 아이 부모 상담

학교에서 왕따를 확인하면 가능한 한 빨리 피해 아이 부모에게 상황을 알리고 학교로 방문해줄 것을 요청한다. 연락은 담임교사나 피해 아이와 친한 교사가 하는 것이 좋다. 부모에게 연락을 하는 교사는 어렵고 감정적인 일을 맡을 만한 인내심을 가져야 한다. 부모와의 관계는 학교 폭력 문제 해결에 있어서 전략적인 문제이기 때문에 학교 관리자와 학교폭력대책자치위원회에서는 이에 대한 지침을 만들어두어야 한다.

상담은 담임교사 혼자 할 수도 있지만, 부모가 신뢰할 수 있는 교사와 교장, 교감이 함께 만나는 것이 좋다. 신뢰관계가 형성된 교사가 함께 만나는 것은 피해 아이 부모에게 정서적 지지와 학교의 진심을 전달하는 좋은 방법이기 때문이다. 또 교장, 교감이 함께 만나는 것은 학교에서 관심을 갖고 적극적으로 문제를 해결하겠다는 의지를 표현하는 것이다.

상담을 할 때는 먼저 피해 아이 부모의 힘든 감정에 공감하고, 피해 아이 입장에서 최대한 문제를 해결할 것을 약속한다.

상담 장소는 안정감을 줄 수 있는 아늑한 곳에서 한다.

피해 아이 부모 상담 전략

(1) 학교에서 먼저 알게 되었을 때

❶ 부모에게 전화할 때는 신분을 밝히고, 자녀의 문제로 이야기해도 되는지 묻는다. 상황이 여의치 않다면 언제 다시 전화해도 되는지 묻는다.

❷ 부모가 전화를 받지 않을 때에는 전화 통화를 하고 싶다는 메시지를 남긴다.

❸ 전화 통화를 할 때는 최근에 아이가 왕따를 당한 것을 학교가 알게 되었다는 것, 그리고 전화로 계속 상담할 것인지, 학교에 와서 상담할 것인지를 묻는다. 상담 약속 시간을 정할 때는 가능한 부모의 여건에 맞출 수 있도록 배려한다.

"최근에 자녀가 왕따를 당하고 힘들어한다는 것을 알게 되었습니다. 아이가 왕따를 당하고 있다는 것을 알고 계셨나요? 이런 일이 생겨서 죄송하게 생각합니다."
"학교에 오셔서 어떻게 해결할지 함께 이야기했으면 좋겠습니다."
"오시기 어렵다면 전화로 계속 상담하시겠습니까?"

❹ 부모와의 대화는 몇 가지 초점을 가지고 진행해야 한다.

먼저 위로를 한다. 학교가 아이의 어려움을 먼저 파악하고 도와주지 못했다는 것에 대해 사과하고, 학교가 모든 노력을 다할 것이라는 것을 이야기한다.

그리고 아이를 돕기 위해서 함께 어떻게 할 것인지 논의한다.

진심으로 사과한다.

"정말 놀라셨지요? 저도 이렇게 마음이 아픈데 어머니(아버지)께서는 얼마나 속상하시겠어요."

"좀 더 세밀하게 살폈어야 하는데 이런 일이 생겨서 정말 죄송합니다."

사건의 정황을 자세히 알린다.

"학교 폭력 설문과 ○○이의 진술, 아이들의 이야기를 종합해보니, ○○이는 그동안 …… 한 일을 겪었습니다."

피해 아이의 상태에 대해 질문한다.

"○○이는 집에서는 어떻게 생활하나요? 요즘 별다른 점을 발견하신 적은 없나요?"

재발 방지를 위한 프로그램을 약속하고, 참여를 요청한다.

"이 일을 해결하기 위해서 저와 학교가 할 수 있는 모든 일을 할 거예요. 왕따가 있다는 것은 ○○이를 제외한 모든 아이들이 크든 작든 괴롭힘에 참여한 것이고, 모두가 반성해야 할 사안입니다. 따라서 학급 총회와 긴급 부모 모임을 열고, 모두가 왕따 역할극을 통해 ○○이의 아픔에 공감하는 시간을 가질 것입니다. 그리고 위로하고, 사과하는 시간을 가질 것입니다."

"부모님도 아이를 위로하고, 아이가 자신의 목소리를 되찾을 수 있도록 지지하고 격려해주시길 부탁드립니다."

"이 문제를 해결하기 위한 제안이나 조언이 있으시면 말씀해주세요."

"가해 아이 부모에게 연락을 하시거나 만나는 것은 학교의 중재 아래 해주셨으면 좋겠습니다."

피해 아이의 부모가 괴롭힘을 주도한 아이에 대한 처벌을 요구할 수도 있다. 하지만 중요한 것은 피해 아이의 관계 회복이고, 피해 아이를 제외한 모든 아이들이 가해 아이인 상황에서 경중을 따져 처벌하는 것이 능사가 아니라는 것을 알려야 한다. 그리고 학교에서 프로그램을 통해 재발 방지뿐 아니라 가해 아이와 피해 아이 모두 성장할 수 있는 비전을 제시한다. 그럼에도 불구하고 재발 시에는 괴롭힘을 주도한 아이에 대해 학교폭력대책자치위원회에서 가중 처벌할 수 있음을 알려 안심하도록 한다.

피해 아이의 보호를 위해 노력할 것을 약속한다.

"학교에서는 더 이상의 괴롭힘이 생기지 않도록 교육하겠지만, 만약의 경우 괴롭힘이 확인된다면 학교에서 조치를 취할 수 있도록 꼭 알려주세요."

"또한 ○○이가 상담이나 치료가 필요하다면 바로 조치하겠습니다."

피해 아이의 심리적 상태가 불안정하거나 가해 아이들과 격리가 필요한 경우는 가정이나 병원, 상담실, 보건실 등 아이가 원하는 곳에서 쉴 수 있고, 그것은 결석이 아니라 출석으로 처리된다는 것을 함께 알려 안심하게 한다.

❺ 상담해주신 것에 대해 감사를 표하고, 아이의 변화에 대해 지속적으로 연락관계를 취한다.

(2) 부모가 알려 올 경우

자기 아이가 왕따를 당했다는 것을 알려 오는 부모의 심정은 복잡하다. 학교가 어떻게 대응할지 몰라 자신이 없고, 두렵기도 하고, 일을 더 나쁘게 만들어서 아이가 힘들어지지 않을까 걱정하는 마음을 가질 수도 있기 때문이다. 따라서 피해 아이 부모의 제보에 대해 아주 민감하게 반응해야 한다.

　가해 아이 부모나 방관하는 아이의 부모가 알려 올 수도 있다. 이때도 역시 같은 순서대로 진행한다.

❶ 부모와 전화를 하거나 상담을 할 때는 학교에서 먼저 파악하지 못했다는 것에 대해 사과하고 알려 온 것에 대해 고마움을 전한다.

❷ 문제에 대해 철저하게 조사할 것을 약속한다.

❸ 문제에 대해 철저한 조사를 한다.

❹ 문제 해결에 대한 구체적인 계획을 부모와 함께 세워야 한다.

4) 백지 진술서 받기

　백지 진술서는 아이들에게 자신이 왕따 행위를 직접 했거나 목격한 것을 구체적으로 기록하게 하는 것이다. 백지 진술은 아이들에게 자신의 행동에 대해 반성하고 성찰하는 기회를 제공하고, 교사들에게는 왕따 상황을 더 구체적으로 파악하여 제대로 된 대응을 할 수 있게 한다.

　백지 진술서를 받을 때는 담임교사뿐 아니라 책임교사나 교장, 교감 선생님이 함께 참여하는 것이 좋다. 왕따를 시키는 것이 심각한 문제이며, 학교에서 반드시 해결하겠다는 분명한 메시지를 주는 것이기 때문이다. 이때 진행은 한 명이 주도하도록 한다.

  백지 진술서는 피해자를 제외한 모든 아이들에게 받는다. 왕따가 학급 차원에서 일어난 것이라면 학급 차원에서, 학년 차원의 왕따라면 학년 차원에서, 학교 전체에서 왕따를 당하고 있다면 학교 전체 차원에서 모든 아이들에게 진술서를 받는다.

  여자아이들 파벌 내에서 발생한 왕따 문제라면 그 파벌 아이들에게 진술서를 받는다. 문제가 해결된 이후에는 학급 전체 아이들과 상황을 공유하고, 파벌 내 왕따가 학급에 미치는 영향에 대해 토론한다. 그리고 소그룹 내 왕따를 방지하기 위한 규칙을 정한다.

  백지 진술서를 받을 때 왕따에 대한 참여자 역할 질문지도 함께 작성하도록 한다. 왕따에 대한 참여자 역할 질문지를 함께 작성함으로써 괴롭힘 상황에서 아이들의 역할을 분명하게 확인할 수 있기 때문이다.

❶ 모든 아이들에게 우리 반(학년)에 왕따를 당하는 친구가 있음을 알린다.
  "너희들이 모두 알고 있겠지만, 우리 반에 ○○이가 왕따를 당하고 있어."

❷ 모두가 가해 행동에 참여하였고 책임이 있음을 분명히 한다.
  "왕따를 주도한 친구도 있고, 보고도 모른 척 방관한 친구도 있어.

우리는 그 모든 행위가 괴롭힘이라는 것을 이미 알고 있어. 따라서 지금 너희들이 ○○이를 왕따시키는 행동을 당장 멈춰야 해. 많은 친구들이 그런 사실을 선생님에게 알려주지 않았던 것은 유감이야. 선생님 역시 그런 상황을 몰랐는데 ○○이에게 정말 미안해. 제대로 돌보지 못한 선생님 역시 가해 행동에 책임이 있어. 우리 모두는 이 문제에 대해 책임이 있어."

❸ 폭력 상황을 정확하게 파악한다.

"이제 백지를 내줄 거야. 여기에 각자 ○○이를 왕따시켰던 행동에 대해 자기가 했던 것뿐만 아니라 다른 친구가 했던 것도 자세히 쓰도록 해. 이것은 누구를 탓하거나 누구의 잘못이 더 많은지 가리기 위한 것이 아니라, 선생님과 부모님, 그리고 너희들 모두가 ○○이에게 일어났던 모든 일들을 알고, ○○이의 심정을 이해하기 위한 첫 출발점을 만들기 위해서야."

❹ 기대를 전한다.

"진술서를 쓰는 동안 많은 생각을 했을 거야. 더 이상 괴롭히지 않겠다는 생각과 함께 방어자가 되겠다는 다짐도 했을 거라 믿어. 이 시간 이후로는 ○○이를 따돌리는 행동을 모두 멈추어야 해. 그리고 ○○이에게 먼저 사과하는 적극성을 보여주는 것이 좋겠어."

❺ 이후 처리 과정과 절차를 설명한다.

"선생님은 너희가 작성한 진술서를 모아 ○○이가 당한 일들로 왕따 역할극을 구성할 거야. 그 왕따 역할극은 ○○이가 얼마나 힘들고 고통스러웠는지 알아보기 위해 너희뿐 아니라 선생님과 부모님들도 할 거야. 그래야만 진정으로 ○○이의 심정에 공감할 수 있기 때문이야."

"역할극을 하고 난 후, ○○이를 위해 어떤 일을 할 수 있을지 토론하고, 돕기 위한 방법을 논의할 거야."

"만약, 보상이 필요하면 여기에 대한 책임도 져야 해."

"이 문제는 모든 선생님들과 부모님에게 알려 해결 방안을 함께 논의할 거야."

"이번 과정이 우리 모두 성장할 수 있는 기회가 되고, 왕따 없는 학교를 만드는 출발점이 될 것이라 믿어."

왕따에 대한 참여자 역할 질문지

학급에서 왕따를 시키는 경우를 떠올려보고, 다음과 같은 행동을 하는 친구의 이름을 적어주세요. 수에는 제한이 없으니 있는 대로 적고 없으면 빈칸으로 두세요.

	항목	이름
1	왕따시킬 때 괴롭히는 행동을 시작한다.	
2	가해자에게 괴롭히는 행동을 그만두라고 말한다.	
3	다른 친구들도 괴롭히는 행동을 하도록 끌어들인다.	
4	왕따당하는 아이를 못살게 굴 새로운 방법을 찾는다.	
5	왕따당하는 친구를 위로하거나 "피해 사실에 대해 선생님께 이야기해보면 어떨까?"라고 말한다.	
6	왕따시키는 상황에서 누구의 편도 들지 않는다.	
7	왕따시키는 것을 좋아하는 눈치지만 겉으로 표현은 하지 않는다.	
8	누군가 왕따를 당하는 일이 생길 때 보통 그 자리를 피한다.	
9	친구가 어떤 아이를 왕따시킬 때 옆에서 부추긴다.	
10	친구가 어떤 아이를 왕따시킬 때 이를 도와주고, 가끔은 왕따시킬 만한 아이를 찾아내기도 한다.	
11	누군가 왕따를 당해도 나와는 상관없다는 행동을 보인다.	
12	누군가 왕따를 당하고 있으면 구경하려고 근처로 간다.	
13	괴롭힘당하는 왕따 아이를 안타깝게 바라보지만 어떤 행동도 하지 않는다.	
14	다른 친구가 왕따시키기 시작하면 자신도 옆에서 같이 괴롭힌다.	
15	왕따시키는 행동을 보면서 웃는다.	
16	왕따시키는 상황을 그만두게 하려고 노력한다.	
17	친구가 어떤 아이를 왕따시킬 때 "본때를 보여줘."라고 말하며 옆에서 거든다.	
18	왕따를 당했거나 현재 당하고 있다.	

왕따 참여자 역할 질문지의 하위 영역별 주요 내용 및 문항 번호

하위 영역	주요 내용	문항
가해자(3문항)	친구를 왕따시키는 데 적극적이며 주도적으로 폭력 행동을 한다.	1, 3, 4
동조자(3문항)	왕따시키는 행동을 하지만 주도적이지 않고 추종자 역할을 한다.	9, 10, 14
조력자(3문항)	왕따시키는 상황을 다른 아이들도 구경하도록 끌어들이고 폭력을 부추긴다.	12, 15, 17
소극적 조력자 (1문항)	왕따시키는 것을 좋아하지만 겉으로 표현하지 않는다.	7
방관자(3문항)	왕따시키는 상황에서 아무런 역할도 하지 않는 것으로 가해 행동을 방조한다.	6, 8, 11
소극적 방어자 (1문항)	폭력을 싫어하고 왕따당하는 학생들을 도와주어야 한다고 생각하지만 아무 행동도 하지 않는다.	13
방어자(3문항)	피해자를 지지하고 위로한다.	2, 5, 16
피해자(1문항)	학급 구성원 2명 이상이 '괴롭힘을 당한다.'고 지적한다.	18

- **채점 방법** 질문지에 각 문항에 해당하는 학급 친구의 이름을 제한 없이 적도록 한다. 교사는 학생 명렬표에 각 하위 영역의 문항별 지명 횟수를 기록한다.
- **선별 기준** 지명받은 횟수를 합산하여 하위 영역별 문항에서 5회 이상 지명받은 학생이 각 영역의 역할을 수행하는 아이일 가능성이 높다.

5) 학교 구성원에게 알리기

    왕따가 발생하면 그 학급뿐만 아니라 전체 학생들과 부모들, 교사들에게 알려야 한다. 그 사실을 알리는 순간 학교 전체가 공유하는 사건이 되어 모두가 함께 행동할 수 있는 근거가 마련되기 때문이다. 앞서 책임교사와 피해 아이 부모에게 알린 후에 아이들이 백지 진술서를 작성했기 때문에 이미 전체 교사들과 아이들은 이 사실을 알고 있다. 전체 부모들에게는 가능한 한 빨리 왕따가 발생했다는 사실을 알려야 한다.

    부모에게 알릴 때에는 가정통신문이나 홈페이지를 활용한다. 알리는 내용에는 피해 아이의 실명을 제외하고, 사건의 개요와 유형, 부모들의 대응 지침, 학교의 계획 등을 담는다(부록 '가정통신문' 참고).

6) 긴급 교사 모임

    긴급 교사 모임은 전체 교사가 모여서 진행하는 것이 바람직하다. 물론 학년 단위 교사 모임도 가능하다.

    긴급 교사 모임은 먼저 상황을 공유하는 말로 시작한다.

"우리 학교에 왕따가 발생했다는 것은 다 알고 계실 것입니다. 그동안 학급(학년) 전체의 아이들이 ○○이를 교실에서, 복도에서, 급식소에서 심지어는 학원, 등하굣길에서 무시하고 놀리며 따돌렸습니다. 아이들의 진술서를 읽고 무척 마음이 아프고 ○○이에게 미안했습니다. 왕따는 단순히 아이들뿐만 아니라 교사, 부모도 모두 가해자라고 할 수 있습니다. 우리 모두의 문제이고 우리 모두에게 책임이 있습니다. 오늘 이 자리는 ○○이의 아픔에 공감하고 어떻게 도울 수 있을지 그 방안을 모색하기 위함입니다."

담임교사와 책임교사는 아이들이 쓴 진술서를 바탕으로 왕따 역할극을 구성하여 긴급 교사 모임에 참석한다. 왕따 역할극은 피해 아이가 가장 힘들었던 순간, 그래서 모두가 그 아이의 아픈 심정을 공감할 수 있는 내용으로 구성해야 한다.

왕따 역할극을 진행한 후에는 각 학급에서 아이들과 왕따 역할극을 어떻게 진행할 것인지 구체적인 일정과 방법을 논의한다.

7) 아이들과 왕따 역할극 하고 해결 방안 토론하기

　아이들과 왕따 역할극을 할 때는 전담교사나 부담임, 관리자가 동석하여 함께 진행하는 것이 좋다. 동석한 교사들은 담임교사가 왕따 역할극과 인터뷰를 진행하는 것을 도와준다. 여러 교사들의 참여는 왕따 사안의 심각성을 아이들에게 인식시켜 주는 좋은 방법이다.
　왕따 사건과 직접 관련되지 않은 학년과 학급에서는 왕따 사건의 개요와 유형을 공유하고, 예방 교육 차원에서 왕따 역할극을 진행한다.
　이때는 실명을 사용하지 않는다.

❶ 이번 시간의 목표와 기대를 전한다.
　"한 사람을 집단 전체가 괴롭히는 왕따는 그 사람을 죽음에도 이르게 할 수 있는 심각한 폭력 행위야. 우리 모두가 이 문제에 대한 책임을 지고 해결해야 해. 그러기 위해서 가장 중요한 것은 피해자가 얼마나 아픈지 그것을 공감하는 것부터 시작해야 한다고 선생님은 믿어."
　"선생님은 지난번 너희들이 작성한 진술서를 바탕으로 ○○이가 당한 괴롭힘 상황을 역할극으로 구성해봤어. 우리 반 한 사람 한 사람이 모두 ○○이가 되어 이 역할극을 진행할 거야. 나를 포함한 선생님들도 이 역할극을 해보았어. 혹시 너희들이 중간에 장난스럽게 진행을 한다면 ○○이가 다시 한 번 힘들어질 거야."

❷ 왕따 역할극을 준비한다.

왕따 역할극 일화를 읽어주고 서로 어떻게 참여할지 논의한다. 괴롭힘을 주도하는 아이를 먼저 정하고 다른 아이들도 어떤 말과 행동을 할지 미리 준비하게 한다. 이때 주의할 점은 실제 왕따를 주도한 아이가 가해자 역할을 하지 않도록 하는 것이다. 책상 배치는 ㄷ자가 되도록 하며, 역할극에 필요한 소품이 있을 경우, 교사가 미리 준비해둔다.

❸ 왕따 역할극과 인터뷰를 진행한다.

한 명씩 차례로 나와 왕따 역할을 하고, 역할극이 끝나면 인터뷰를 한다(본 매뉴얼 3장 참고).

❹ 피해 아이의 심정을 함께 공유한다.

역할극을 한 다음에는 다시 한 번 전체가 그 느낌을 공유하는 시간을 갖는다.

아이들이 피해자가 되어본 경험을 이야기하면 교사는 다음과 같은 이야기로 정리한다.

"우리는 단 몇 초 동안 왕따가 되었는데도 짜증 나고, 죽고 싶고, 학교에 오기 싫고, 절벽에 선 기분이 들고, 힘들었어요. 그런데 그 시간이 하루, 일 년 또는 몇 년씩 지속되었다고 생각해보세요. 과연 어떤 마음 상태가 될까요?"

❺ 왕따 해결을 위한 대안 역할극을 진행한다.

"우리가 피해자를 도우려면 어떻게 해야 할까요?"

"멈춰를 해요.", "방어자가 돼요."

"자, 그럼 지금부터 방어자가 되어 어떻게 도울 수 있을지 역할극을 해봐요."

방어자가 1명, 방어자가 3명, 모두가 방어자가 되는 역할극을 진행한다(본 매뉴얼 3장 참고).

❻ 자신의 느낌, 다짐 등을 글로 정리한다.

"마무리 활동으로 오늘 왕따 역할극을 하면서 느낀 점, 앞으로 ○○이를 어떻게 도울 것인지 자신의 약속과 다짐을 글로 써봐요."

이 같은 마무리 활동은 아이들 스스로 자신의 생각을 정리하고 다짐하는 기회로 삼기 위함이다.

❼ 피해 아이를 위해 무엇을 할지 논의하고 앞으로의 계획과 절차를 알린다.

"앞으로 우리가 ○○이를 위해 무엇을 해야 할지 이야기해봐요."

"○○이에게 사과할래요.", "앞으로는 절대 왕따시키는 일을 하지 않을 거예요.", "다른 아이들이 괴롭히면 멈춰를 크게 외칠 거예요."

"그래요. ○○이가 느낀 절망이 우리 모두에게 책임이 있기 때문에 앞으로 우리 모두는 ○○이에게 진심으로 사과하고, ○○이를 돕기 위한 약속을 하기로 해요."

"앞으로 모든 반에서 왕따 역할극을 할 거예요. 그리고 긴급 부모 모임도 진행할 거예요."

8) 부모 모임 열기

학교에서 명확한 원칙과 방법을 가지고 문제를 풀지 못하게 되면 부모들끼리 만나서 담판을 지으려고 하는 경우가 있다. 그런데 이런 경우 대다수가 더 큰 갈등으로 이어지기 마련이다. 서로 민감한 상태라서 제대로 토론이 될 수도 없고 잘못하다가 상처를 건드리면 소송까지 갈 수 있다.

그래서 올베우스 프로그램, 키바 코올루 프로젝트, 우리 평화샘 프로젝트처럼 효과적인 학교 폭력 예방 프로그램들은 부모들이 학교의 중재를 거치지 않고 만나는 것을 권장하지 않는다.

부모 모임의 핵심적인 프로그램은 왕따 역할극이며 다시 한 번 왕따 문제에 대한 공동 대응의 원칙과 방법을 확인하는 것이 중요하다 (본 매뉴얼 115쪽 참고).

부모 모임을 알리는 안내문을 미리 발송하여 몇 명의 부모가 참여할지 파악한 후 모임을 준비한다. 이때 ㄷ자 형이나 원형으로 자리를 배치하여 서로 표정을 볼 수 있도록 한다. 간단한 다과를 준비하여 분위기를 편안하게 만든다.

9) 지속적인 모니터링

　부모 모임까지 끝나고 나면 아이들의 태도가 변한다. 부모와 학교가 하나가 되어 왕따를 근절하기 위해 노력하고 있다는 것이 아이들에게 전달되면, 왕따 문제가 그냥 넘어가는 사소한 문제가 아니라는 것을 느끼게 되기 때문이다. 또한 지금까지 통했던 거짓말과 변명이 앞으로는 통하지 않을 것이라는 것을 피부로 느끼게 된다. 학교에서 왕따 대처 매뉴얼을 제대로 진행하면 겉으로 드러나는 노골적인 괴롭힘은 사라지지만, 간혹 "안 맞고 사니까 살 만하냐?"며 은밀히 괴롭히려는 아이가 나타날 수도 있다.

　중요한 것은 이 모든 것이 교사에게 파악된다는 것이다. 교실에서 평화샘 프로젝트를 진행하고 있기 때문에 아이들이 항상 멈춰를 외치고 역할극을 통해 모두가 공유하기 때문이다. 그리고 그러한 친구들의 지지 속에 피해 아이도 자신감을 가지고 대응한다. 교사는 가해 아이에게 그러한 행동이 2차 가해이며 심각한 폭력이라는 것을 알려주고 학급 회의에서 가해 아이를 어떻게 도울지 논의한다.

    이렇게 교사가 왕따를 당한 아이와 수시로 대화를 나누고, 처벌이 아니라 진정으로 도우려는 마음을 가질 때 가해 아이 역시 성장하면서 교실공동체를 창조할 수 있다.

사례

왕따
이렇게
해결했어요

두 학교 이야기 ①

교사들의 협동적 연대가 왕따 문제 해결의 열쇠

"교장선생님, 우리 학교에도 왕따가 있는데 아이들이 신고할 때까지 기다릴 게 아니라 학교에서 적극적으로 대처하는 것이 어떨까요? 평화샘 모임에서 연구하고 있는 왕따 대처 매뉴얼대로 해보려고 하는데요."

"왕따 매뉴얼은 어떻게 하는 거죠?"

"먼저 학교 차원에서 누가 왕따인지 조사를 하고요, 그 내용을 바탕으로 역할극을 만들어요. 그리고 교사, 부모, 아이들이 역할극을 하면서 피해 아이의 아픔에 공감하는 내용입니다. 그것을 위해서는 교사들이 먼저 왕따에 대해서 공부하는 것부터 시작하고요."

"그럼 교사들 연수부터 해야겠네요. 최 선생 계획대로 얼른 추진하세요."

최 선생은 학교 폭력 담당 교사이다. 최 선생이 근무하는 학교는 ○○ 읍내에 있는 500여 명 규모의 초등학교이다. 학기 초부터 일진 문제를 포함해서 학교 폭력 문제를 학교 차원에서 목표를 정하고 교사들이 함께 협력하면서 풀어왔다. 그래서 학교 폭력에 대응하는 교사들의 자신감도 있고 부모들도 신뢰가 높은 편이다. 그래도 이 선생에게는 풀리지 않는 고민 하나가 있었다. 아이들을 죽음으로 몰아가는 가장 심각한 폭력이 왕따인데 이 문제를 어떻게 해결해야 할지 교사들의 마음을 어떻게 모아야 할지 감을 잡기 어려웠기 때문이다.

그러던 중 평화샘 모임에서 개발된 왕따 예방 및 대처 매뉴얼을 보고 '맞아, 이거야.' 하고 생각한 최 선생은 왕따 예방 및 대처 매뉴얼을 최초로 자신의 학교에서 진행해보기로 마음먹었다.

그리고 교장선생님에게 제안한 것인데 처음에는 교장선생님이 어떻게 받아들일까 불안했다. 걱정과는 달리 교장선생님이 아주 흔쾌하게 동의했기 때문에 학교 차원에서 프로그램을 진행할 수 있는 힘을 얻게 되었다.

내친김에 바로 교사 연수를 준비했다. 출장이나 6학년 성취도 평가를 앞두고 참여하지 못한 교사가 있어 전체 교사의 반 정도가 모였다.

처음에는 분위기가 어수선했지만 최 선생이 전형적인 왕따 사례를 읽기 시작하자 선생님들의 표정이 변했다. 그리고 여기저기서 "어떻게 그런 일이.", "세상에!" 하면서 공감적인 반응을 보여주었다. 그런데 한 선생님이 "초등학교에서도 이런 일이 있나?"라고 말하자 다른 선생님이 바로 "아니에요. 초등학교에서도 충분히 있는 일이에요. 더 심한 일도 있어요."라고 반박하면서 역할극을 할 수 있는 분위기가 되었다.

피해 아이 역할을 돌아가면서 연기한 교사들은 아주 힘들어했다. "역할극인 줄 알면서도 나 혼자 뚝 떨어진 거 같아요.", "너무 끔찍해요. 진짜 죽고 싶겠네요."라고 한마디씩 하며 왕따당하는 아이들의 아픔에 공감했다.

왕따 예방 역할극을 마친 뒤 한 교사가 우려되는 점을 이야기했다.

"그런데 공개적으로 역할극을 하면 왕따당하는 아이를 낙인찍는 것이 되지 않을까요?"
"그 아이가 왕따라는 것은 어른들만 모르지 아이들을 다 알고 있어요. 그래서 어른들이 알게 되면 아이들은 괴롭힘을 멈추고 부끄러움을 느끼는 경우가 많아요."
"모르던 아이들이 오히려 따라 배우지 않을까요?"
"이 프로그램은 이미 여러 교실에서 진행했는데 그런 일은 없었어요. 모두가 역할극을 해서 피해자의 아픔을 공유하고 방어자가 되는 규칙을 정하기 때문에 그런 일은 생기지 않아요."

인식이 공유되자 학교에서 '왕따 없는 우리 학교'라는 목표를 정하고 교사들이 왕따 징후를 공동으로 관찰하는 것부터 시작하였다.

왕따 조사를 하는 과정에서 2학년, 5학년에서 왕따 신고가 들어와서 평화샘 프로젝트 왕따 예방 및 대처 매뉴얼대로 진행을 했다.

 윤혜는 2학년이다. 공부를 잘하고 서울에서 살 때는 단역배우로 활동할 정도로 활발하고 말도 잘하는 아이였다. 그런데 반 아이들에게 두 달 전부터 왕따를 당하기 시작했다. 치아교정을 하는 중인데 밥을 먹을 때 교정기를 빼놓거나 양치하는 모습이 더럽다고 해서 대다수 아이들이 놀리기 시작한 것이다.

 왕따를 주도한 아이는 윤혜와 평소 친했던 유라였다. 유라는 먼저 윤혜를 더럽다고 놀리기 시작했고 반 아이들뿐만 아니라 다른 반 아이들까지도 윤혜와 놀지 못하게 했다. 그대로 두었다가는 바로 전따가 될 가능성이 높았다. 윤혜 엄마는 이런 사실을 5월부터 알고 있었지만 처음에는 어떻게 할지 몰라 윤혜를 위로하면서 다독일 뿐이었다.

 윤혜 엄마가 유라 엄마랑 친한 사이였기 때문에 더 이야기하기 어려웠던 것도 문제였다. 그러다가 윤혜 엄마가 더 이상 참지 못하게 된 것은 양치컵 분실사건이었다. 윤혜가 화장실 세면대에서 양치를 하다가 잠시 양치컵을 놓고 볼일을 보러 갔다 온 사이에 양치컵이 없어진 것이다. 여러 아이들이 있었지만 모두 모른 체했다. 윤혜는 억울한 마음에 바로 울면서 엄마에게 전화를 했고 화가 난 윤혜 엄마는 교감선생님에게 학교 폭력 신고를 했다.

 그런데 담임선생님이 자신을 무시하고 교감선생님에게 찾아갔다고 화가 나서 윤혜 엄마를 만나려 하지 않았다. 입장이 곤란해진 교감

선생님은 학교 폭력 책임 교사인 최 선생을 불러 윤혜 엄마와 상담을 하게 했다.

최 선생이 왕따 아이의 아픔에 대해 공감하면서 학교 차원의 왕따 문제 해결 프로그램을 이야기하자 윤혜 엄마는 얼굴이 밝아지면서 바로 동의를 했다. 그런데 왕따 문제 해결에 있어서 가장 중요한 것이 담임교사와 부모의 협력이기 때문에 윤혜 엄마와 담임선생님의 만남 자리를 마련해야 했다.

윤혜 담임은 처음에는 화가 많이 나 있었다. 하지만 왕따 문제는 누구나 힘들게 하지만 그 문제 해결에서 가장 중요한 것이 부모들의 상처받은 마음을 헤아리는 것이라는 최 선생의 말에 바로 공감하며 동의했다. 부모들과 만나는 자리에 최 선생도 함께해줄 것을 요청했다.

다음 날 부모들이 만난 자리에서 담임교사는 적극적으로 부모들과 공감하면서 이야기를 주도했다. 처음에는 어색해하던 엄마들이 힘들었던 마음을 털어놓았고, 유라 엄마는 윤혜 엄마에게 진심으로 사과했다. 그리고 엄마들은 담임교사와 학교에 고마워했다.

"일곱 살 때부터 친했던 유라가 우리 윤혜를 왕따시켰다는 것이 믿어지지 않았어요. 그래서 더 배신감이 크고 유라 엄마랑 뭘 어떻게 해야 할지 몰라 더 힘들었어요. 그런데 학교에서 이렇게 아이들을 위한 해결 방안을 보여주시니까 진짜 감사해요."

"윤혜와 윤혜 엄마한테 정말 미안하다는 마음이 있지만 당장 이 일로 유라가 피해를 당하지 않을까 두려웠어요. 그래서 윤혜와 윤혜 엄마 마음보다 유라가 잘못하지 않았다는 것을 밝히는 걸 더 먼저 생각했어요. 만약 선생님들이 도와주지 않았다면 윤혜와 윤혜 엄마한테 더 큰 상처를 주었을 거에요. 정말 감사드려요."

담임교사도 밝은 얼굴로 최 선생에게 말을 건넸다.

"선생님, 감사해요. 처음엔 엄마들한테 화도 나고, 무슨 얘기를 해야 할지 몰라 답답했는데 선생님과 같이 만나니 정말 든든했어요. 선생님이 하시는 과정을 보면서 저도 그렇게 하면 되겠구나 하는 자신감도 생기고요."

이렇게 어른들이 협력하는 분위기 속에서 아이들은 왕따 역할극을 했다. 모두가 윤혜의 역할을 해보면서 힘들어했고 자신들이 얼마나 잘못했는지 깨달았다. 이어서 윤혜에게 사과를 했고 절대 괴롭히지 않고 친하게 지낼 것을 약속했다.

2학년 문제가 해결되자 여러 학년에서 왕따 문제가 본격적으로 드러나기 시작했다. 해결의 방향이 보이자 숨기지 않고 드러내서 해결하는 것이 유일한 길이라는 것을 교사들이 깨달았기 때문이다. 교사들은 문제를 각 학년 단위로 논의하고 어렵거나 미심쩍은 일이 있으면 바로 학교 폭력 담당 교사인 최 선생에게 도움을 요청하는 분위기가 되었다.

왕따 문제가 교사들이 서로를 힘들게 해서 회피하고 싶은 문제가 아니라 소통과 성찰, 연대의 계기가 된 것이다. 교사들이 협력하자 아이들과 부모들이 행복해졌다.

두 학교
이야기 ②

교사들이
협력할 수 없을 때

　6학년 영선이는 왕따이다. 누구랑 갈등이 있을 때마다 모든 아이들의 비난을 받는다. 아침 등교시간이면 "아나, 김영선 봤어. 내 눈 썩어."라는 노골적인 야유를 듣는다. 아이들은 영선이에 대한 이러한 행동을 마녀사냥이라고 부른다.

　반 아이들은 영선이를 '바이러스'라고 부르기도 한다. 영선이는 모든 아이들의 기피 대상이다. 영선이와 스치기만 해도 기분 나빠했고 영선이를 만지고 다른 아이를 만지면 마치 몹쓸 세균에 감염된 것처럼 몸서리를 치며 불쾌해한다. 어쩌다 영선이와 마주치기만 해도 "에이, 더러워. 저리 꺼져!"라는 험한 말로 공격을 한다.

　영선이는 아이들이 비난하거나 바이러스라고 놀리면 울면서 항의를 했다. 그러면 아이들은 영선이를 더 괴롭혔다. 영선이가 담임교사에게 몇 차례 도움을 요청했지만 아이들의 괴롭힘은 더욱 심해질 뿐이었다. 영선이는 지푸라기라도 잡고 싶은 심정으로 학교 폭력 담당 교사인 박 선생을 찾아가 신고를 했다.

영선이의 상황을 들은 박 선생은 아이가 받았을 상처를 생각하니 가슴이 먹먹해졌다. 평소 반에서 평화샘 프로젝트를 진행하며 왕따 문제를 해결했던 박 선생은 영선이도 왕따 예방 및 대처 매뉴얼대로 하면 제대로 도울 수 있겠다는 생각을 했다. 그래서 영선이 부모님께 교사, 아이들, 부모들이 왕따 역할극을 통해 영선이의 아픔에 공감하며 관계를 회복하는 것이 어떻겠냐는 제안을 했다. 영선이 부모님도 흔쾌히 동의를 했고, 그렇게 하면 아이들을 용서할 수 있을 것 같다고 했다.

그런데 그 출발부터가 순조롭지 않았다. 박 선생은 이 상황을 보고하기 위해 교장선생님을 찾아갔다. 평소 교장선생님은 학교 폭력은 드러내서 처리하지 않는다는 생각을 가지고 있던 분이었다. 초등학교에서는 웬만한 문제는 담임교사 선에서 해결하고 아주 심각한 폭력만 진술서를 받고, 학교폭력대책자치위원회를 열어야 한다는 입장이었다. 영선이 왕따 사안에 대해서도 마찬가지였다. 아이들 사이에서 사소하게 있을 수 있는 왕따 문제를 가지고 뭐 그리 확대를 하느냐며 소극적인 태도였다. 초등학교에서는 성문법보다 관습법이 위에 있고 관습법보다는 교장이 위에 있는데 교장이 그런 태도를 취하면 왕따 문제는 해결하기 어렵다. 교장선생님이 이런 입장을 표명하자 협조적이던 담임교사와 전담기구 교사들의 태도가 완전히 변했다.

　이러한 상황에서도 박 선생은 피해 아이의 아픔에 공감해야 아이를 제대로 도울 수 있기 때문에 교사, 아이, 부모 모두가 왕따 역할극을 하자고 제안했다. 하지만 전담기구 교사들이 아이들은 몰라도 교사와 부모들까지 역할극을 할 필요가 있겠냐며 반대를 하였다.

　"직접 안 해봐도 다 알아요. 학기 초에도 비슷한 거 해봤잖아요."
　"부모들이 반발하지 않겠어요?"
　결국 교사와 부모들의 왕따 역할극은 전담기구 교사들의 반대로 진행할 수가 없었다.

　이러한 교사들의 태도는 역할극 진행과정에서도 그대로 나타났다.
　왕따 역할극을 진행하는 시간에 교감과 교사들은 뒤쪽 자리를 잡고 앉아 마치 감시라도 하는 모습이었다.
　한 아이가 피해자 역할을 하며 힘들어하자 그동안 무표정했던 교사들이 그 아이를 둘러싸고 몰려들어서 이야기를 하면서 분위기를 흐트러뜨렸다. 그 주변에 있는 아이들이 술렁거렸지만 대다수 아이들은 역할극에 몰두했다.
　너무 짜증이 난다며 거친 숨을 몰아 쉬는 아이, 교실 밖으로 뛰쳐나가고 싶다는 아이, 5학년 때 왕따를 당했던 기억이 떠오른다며 눈물을 흘리는 아이. 그 순간 대다수 아이들은 영선이의 아픔에 진심으로 공감하며 하나가 되었다.

마지막으로 모두가 방어자가 되어 '멈춰'를 외칠 때 영선이 얼굴은 편안해 보였다. 역할극을 모두 마치고 각자 자신의 소감과 다짐을 글로 표현했다.

"우리가 너무 심각한 짓을 한 거다. 영선이가 정말 힘들었을 거 같고 미안하다."
"앞으로 방어자가 되어 영선이를 지켜주겠다."

방과 후에 영선이가 밝은 얼굴로 박 선생을 찾아왔다. 역할극이 끝나고 나서 울며 사과하는 친구도 있고, 다른 친구들이 비난하려 할 때 왜 그러냐며 도와주는 친구도 생겨서 마음이 편해졌다고 말했다.
이렇게 왕따를 주도했던 몇몇 아이들을 제외하고 영선이와 대다수 아이들은 성장하는 모습을 보여주었다. 반면 교감과 교사들은 아이들의 성장은 보지 않고, 불평하는 아이들의 목소리에만 귀 기울여 역할극이 너무 소란스러운 상태에서 진행되었으며 아이들에게 별다른 효과가 없다고 프로그램을 폄하하였다. 게다가 회의와 일상적인 대화에서 "그 애들도 이유가 있을 거야. 얼마나 답답했으면 그랬을까?"라며 끊임없이 가해자의 입장을 옹호하였다. 놀랍게도 피해자의 아픔에 대해서는 한마디도 하지 않으면서 자신들이 교육적인 행동을 하는 것처럼 치장했다.
교감과 교사는 가해 아이 부모들에게도 왕따 역할극에 대해 왜곡해서 전달하였다. 그러자 가해 아이 부모들이 반발하기 시작했다.

가해 아이 부모들은 "왜 왕따 역할극을 시키냐, 이거 인권 침해 아니냐, 왜 우리 애가 가해자냐."며 저항하기 시작했다. 심지어 피해 아이 부모에게 "사소한 일을 왜 확대시키려 하느냐, 영선이도 문제가 많다."며 영선이와 가족의 문제로 돌렸고, 학교 폭력 신고를 철회하라는 압력을 지속적으로 가했다. 진심 어린 사과는 기대조차 할 수 없었다. 부모들과 관리자가 이런 태도를 취하자 아이들은 억울하다며 원망의 화살을 신고한 영선이에게 돌렸다. "너 때문에 우리 엄마가 학교에 불려 온다."라고 2차, 3차 가해를 했고, 급기야 한 남자아이가 영선이에게 보복 폭행을 하는 일까지 벌어졌다. 이 일로 영선이는 더욱 불안해하며 가해 아이를 볼 때마다 벌벌 떨고 두통을 호소했다. 결국 치료를 받으며 학교에 나오지 못하게 되었다.

왕따 역할극을 통해 피해 아이가 치유되고 가해 아이가 성찰하는 공동체적 해결과정을 만들려고 했던 박 선생의 노력은 어른들의 방해로 결실을 맺지 못하게 되었다. 아이들의 깨달음은 부모들의 잘못된 태도로 인해 원망과 억울함으로 얼룩져버렸다. 그리고 거기에는 어른들의 욕망이 있다. 학교 폭력 문제를 은폐하려는 관리자와 자기 아이 문제를 아무것도 아닌 문제로 만들려는 가해 아이 부모의 동맹 속에서 아이들은 제대로 도움을 받지 못하게 된 것이다.

평화샘 프로젝트 중 교실 차원 매뉴얼은 한 담임교사의 노력만으로도 왕따 문제에 대처할 수 있도록 구성한 프로그램이다. 멈춰와 역할극, 학급 총회 등을 함으로써 만들어지는 학급공동체를 통해 왕따가 생길 수 있는 근본적 원인을 제거할 수 있기 때문이다. 하지만 학교 차원의 문제는 다르다. 관리자, 학교 폭력 담당 교사, 인성부장, 학년부장, 담임교사가 함께 협력해서 해결하지 않으면 문제가 꼬일 수밖에 없다. 따라서 학교 차원에서 목표를 정할 뿐만 아니라 모든 교사들이 학교 폭력은 절대 용납하지 않는다는 원칙을 공유하고 함께 개입하려는 의지를 갖는 것이야말로 프로그램이 성공할 수 있는 유일한 길이다.

학년 차원의
해결 사례

교사들이 마음을 모으면 왕따는 해결된다

김 선생 이야기

경기도에 있는 ○○초는 37학급 1,200여 명 학생이 다니는 도시형 학교이다. 김 선생은 2년째 6학년 부장을 하고 있는데 작년에도 교실에서 평화샘 프로젝트를 진행하고 왕따 문제가 발생했을 때 동 학년 교사들과 함께 해결한 경험이 있다. 올해 김 선생은 학기 시작하기 전부터 누가 왕따인지 파악했다. 김 선생이 파악한 바로는 6학년에서 전체 아이들에게 따돌림을 당하는 아이, 즉 전따는 두 명이었다. 이 아이들은 욕을 들으면 같이 욕을 하면서 맞대응했다. 그래서 주변이 항상 시끄러웠고 교사들도 누가 왕따라는 것을 금방 알 수 있었다.

3월에는 왕따 현상이 별로 드러나지 않았다. 6학년 교사들이 학년 공동으로 멈춰 제도를 실시하고 학년 총회를 통해 폭력에 대처하는

4대 규칙을 제정하는 등 학교 폭력을 용납하지 않겠다는 명확한 태도 표명과 노력이 있었기 때문이다. 그런데 4월에 접어들면서 왕따 현상이 다시 나타나기 시작했다.

재호 이야기

재호는 유치원 때부터 왕따였다. 뚱뚱해서 지나가는 사람이 다시 한 번 돌아볼 정도이다. 아이들은 재호를 '돼지새끼', '구제역 돼지', '비만 바이러스'라고 불렀다. 다음은 아이들의 증언이다.

나는 5학년 1학기 딱 첫날에 전학을 왔다. 그런데 애들이 재호, 은이, 영희라는 애는 피해 다니라고 했다. 그래서 나는 걔네가 누구냐고 물었는데 한 친구가 날 데리고 가서 누군지 알려주었다. 애들이 재호는 뚱뚱하다고 놀렸고 은이는 아토피가 온몸에 심하게 묻어 있어서 옆에 가면 옮는다며 가지 말라고 놀렸다. 영희는 옆에 살이 닿으면 살이 썩는다고 같이 있지 말라고 그랬다. 그중에서 재호는 심하게 놀림을 받았다. 돼지, 장애인, 살빨돼지 등으로 놀림을 받았다. 불쌍했다.

이재호가 계단이나 복도를 지나갈 때는 "아, 더러워." 또는 "아 씨 ×." 하면서 욕하거나 애들한테 "나 이재호하고 닿았어. 너도 닿아라." 그러면서 자기가 닿은 부분을 애들한테 치고 다녔다.

나는 이재호와 친구다. 나는 재호랑 친구인 것을 애들이 놀릴까 봐 무섭다. 애들은 나보고 "너 아직도 재호랑 친구니?"라고 말한다. 나는 어떨 때는 무서워서 아니라고 한다. 왕따당할까 봐 나는 재호랑 자주 안 놀게 된다.

아이들은 재호가 국어책을 읽으면 이유 없이 웃어댔고, 운동장에서는 운동회 연습을 하려고 모인 아이들하고 싸움을 붙였다. 급식실에서 재호가 밥 먹는 것을 보고 다른 반 아이들이 음식쓰레기를 먹는다고 놀려서 시비가 붙기도 했다. 그럴 때마다 재호 담임교사와 동 학년 교사들이 관련 아이들을 모아서 역할극을 하고, 진술서도 써보았지만 재호에 대한 괴롭힘은 줄어들지 않았다. 학년 아이들 대다수가 재호를 괴롭히는데 당장 교사의 눈에 띈 아이들만 지도하는 방법으로는 문제가 해결되지 않았던 것이다. 담임교사는 늘 재호가 왕따당하는 문제를 해결하고자 고군분투했지만 변하지 않는 아이들 태도에 지쳐가고 있었다.

왕따 문제로 학년 총회를 열다

재호 반 아이들뿐 아니라 다른 반 아이들이 재호를 괴롭히는 일이 자주 생기면서 6학년 교사들은 재호가 왕따당하는 문제가 담임교사 혼자서 해결할 일이 아닌 6학년 전체가 해결해야 하는 일임을 공감했다. 부장교사인 김 선생은 학년 총회로 재호의 왕따 문제를 해결하자고 제안했다. 동 학년 교사들은 흔쾌히 동의하였다.

학급별로 재호의 괴롭힘 사례를 수집하는 설문을 실시했다. 설문 과정에서 재호 실명을 그대로 사용하였고 재호가 괴롭힘당하는 장면을 보았거나 들었거나 혹은 자신이 직접 했던 일을 적으라고 했다. 아이들은 그동안 재호가 당했던 일을 이야기하기 시작했고 그 과정에서 자신들이 겪었던 왕따 경험까지 이야기하였다. 교사들은 총회 때 재호를 위해서 다른 친구들에게 말해줄 아이들을 찾았다.

담임교사는 학부모에게 재호의 왕따 문제를 해결하기 위해 총회를 열기로 했음을 알렸다. 재호 담임교사와 어머니는 사건이 있을 때마다 상담을 했다. 얼마 전에 재호 담임이 동 학년 회의 때 들려준 이야기이다.
"재호를 위해 많이 노력하는데도 쉽지가 않네요. 담임인 제가 곁에서 봐도 속상한데, 어머니께서는 얼마나 속상하시겠어요?"
그 한마디에 어머니 마음이 열리는 것이 느껴졌고 아이들에게 간식을 넣고 싶다고 하시고, 필요한 것이 없냐고 계속 묻는다는 것이다. 이번 총회를 알렸을 때도 담임에 대한 신뢰가 있었기에 흔쾌히 동의했다.

5월 7일 총회를 열기 위해 220명의 아이들이 강당에 모였다. 이번 총회는 촬영을 하기로 했다. 총회 모습을 기록으로 남길 필요도 있었고 왕따 피해 사례를 읽어줄 때 떠들고 낄낄거려 분위기를 우습게 만드는 아이들을 제어하기 위한 목적도 있었다.

처음엔 총회의 목적을 이야기하고 재호 피해 사례를 그대로 읽어주었다. 재호의 피해 사례는 글자 크기 10포인트, A4 6장 분량이었다. 너무 많은 양이라 중복되는 것은 생략했고 중요하다고 생각되는 것들 위주로 15분가량 읽어주었다. 아이들은 자신들의 이야기를 듣는 내내 숙연했다.

다음은 재호에 대해 할 말이 있는 친구들이 이야기하는 순서였다. 할 말이 있는 친구들은 무대에 올라와서 이야기하라고 했더니 4반 아이가 쭈뼛쭈뼛 손을 들었다. 얼마 전 재호에게 음식쓰레기 먹는다고 말했던 아이다.

"재호야, 미안하다. 네가 이렇게까지 힘들 줄은 몰랐어. 앞으로는 너를 괴롭히지 않고 만약 너를 괴롭히는 아이를 보면 멈춰를 꼭 할게."

이어서 7반 아이가 이야기했다.

"재호야, 내가 너를 참 많이 괴롭혔는데 미안하고, 앞으로 힘든 일 있으면 나한테 와. 내가 도와줄게."

마지막으로 학기 초에 학년 총회를 통해서 함께 만든 조약을 잘 지키자는 3반 아이들의 호소를 끝으로 총회를 마쳤다.

총회를 마친 다음 날, 김 선생은 재호를 불러 이야기를 나누었다.

"재호야, 어제 총회 어땠어?"

재호는 그냥 씨익 웃으며 "좋았어요."라고 말했다.

"총회 끝나고 나서 친구들이 너를 대하는 태도가 달라졌니?"

"네. 3반 여자아이는 막 울면서 미안하다고 했어요. 얼마나 힘들었냐고 하면서 계속 울었어요."

"엄마한테 총회 이야기했니?"

"네."

"엄마가 뭐라고 하셨니?"

"엄마도 좋아하셨어요."

"다음에 친구들이 너를 괴롭히면 너 혼자서 고민하지 말고 꼭 선생님한테 이야기하렴."

"네."

재호는 환하게 웃으며 대답했다.

김 선생은 총회를 마치고 교사들과 평가 시간을 가졌다.

"설문 내용에 교사가 학생을 왕따시킨 사례가 나와서 충격이었어요. 나는 그러지 않았나 되돌아보게 되네요."

"왕따 문제를 가지고 전체 학생이 같이 모여서 논의한다는 것 자체가 큰 의미가 있는 것 같아요."

"주도적으로 괴롭히는 아이가 이젠 다른 아이들의 눈을 의식할 수밖에 없잖아요."

"왕따 문제가 생기면 어떻게 해결해야 하는지 배웠어요."

아직도 해결되는 않은 문제

총회가 끝나고 얼마 지나지 않아 다른 왕따 문제가 드러났다. 수요일 방과 후에 1층 현관 앞에서 울고 있는 영희를 3반 아이들이 발견하고 김 선생에게 데려왔다. 하교하는 길에 영희랑 같은 반 남자아이가 영희와 눈이 마주치자 "씨×, 재수 없어." 하고 욕을 했다는 것이다. 억울하고 속상해서 울고 있는 영희를 3반 아이들이 달래서 교사에게 데려온 것이다. 멈춰 제도와 역할극, 4대 규칙, 총회를 통해 아이들이 서로 보살피는 힘을 갖게 되었다는 것을 보여주는 사례였다. 아이들의 행동에 감동하면서 김 선생은 바로 담임교사에게 영희 문제를 알렸다. 담임교사는 앞으로 적극적으로 도와줄 테니 누가 괴롭히면 반드시 선생님에게 알리라고 이야기했고 영희는 그렇게 하겠다고 약속했다.

며칠 뒤 방과 후에 영희가 담임교사를 찾아왔다. 계단을 내려가고 있는데 위에서 누군가 신발주머니를 자기 머리 위로 떨어뜨렸다는 것이다. 담임교사는 영희와 같이 신발주머니가 떨어진 계단으로 갔지만 이미 신발주머니는 사라지고 없었다. 영희는 처음으로 자기 목소리로 선생님에게 아픔을 털어놓았다. 교사와 친구들이 영희에게 마음을 열면서 영희 마음이 열린 것이다.

동 학년 협의 시간에 영희의 괴롭힘 문제를 논의하였다. 거기서 아이들은 일반화하는 능력이 부족하기 때문에 하나의 왕따 문제를 해결하더라도 다른 아이의 문제와 연결시키지 못한다는 것을 확인하였다. 아이들에게 재호 문제는 재호 문제이고 영희 문제는 영희 문제였다. 그래서 이번에는 제대로 된 해결과정을 거치기로 하였다. 평화샘 연구모임에서 개발 중에 있는 왕따 대처 매뉴얼을 적용해보기로 한 것이다.

선생님들은 각 반에서 영희뿐만 아니라 6학년 왕따로 거론되었던 현성이와 은이에 대한 피해 사례 전수조사를 다시 진행하였다. 그리고 교사 연수와 학급에서의 왕따 역할극, 학부모 모임도 동시에 추진하였다.

전수조사 결과 구체적인 피해 사례와 누가 왕따를 주도하는지도 드러났다. 대다수 아이들이 왕따시키는 행동을 하지만 소위 잘나가는 아이들, 즉 일진들이 왕따를 시작했다는 것이 확인되었다.

왕따 아이의 아픔에 교사들이 먼저 공감하다

왕따 문제 해결을 위한 교사 연수를 진행했다. 6학년 담임교사 7명과 부담임 교사 2명이 참여했다.

왕따당하는 아이의 아픔을 느끼기 위해 교사들이 먼저 왕따 체험을 하기로 했다. 전수조사에서 나온 사례를 바탕으로 역할극을 구성하고 교사들이 돌아가면서 피해 아이 역할을 해보았다.

가운데 의자를 두고 가해 아이들이 삼삼오오 모여 서 있다. 피해 아이는 밖에 서 있다가 천천히 눈치를 보며 의자 쪽으로 걸어간다.

가해자 1   (큰 소리로) 얘들아, 바이러스 온다. 바이러스!
가해자 2   병균 옮지 않으려면 어서 비켜라.

피해자가 의자가 있는 곳으로 걸어오다가 가해자 3과 부딪힌다.

가해자 3   (짜증 내며) 아, 바이러스 묻었어. 내 몸이 썩을 것 같아. (손으로 부딪혔던 부분을 닦아내어 옆에 있는 가해자 4의 몸에 묻힌다.)
가해자 4   으악, 뭐하는 짓이야. (주먹을 쥐어 보이며) 너 죽는다.

피해자가 의자에 앉자 가해자 5가 종이 뭉치를 피해자에게 던진다. 그리고 크게 웃는다.
가해자들은 키득거리며 웃는다.

가해자 6   (손에 종이 뭉치를 들고서) 야, 쓰레기는 쓰레기통에 넣어야지.(피해자 머리 위에 종이 뭉치를 쏟는다.)

가해자들이 낄낄거리며 웃는다.

교사들은 차례로 피해자 역할을 하였고 역할이 끝나면 느낌을 말하였다.

"가상의 상황이라는 걸 알면서도 정말 기분 나쁘네요."

"원 안에 들어가고 싶지 않아요. 정말 학교에 오고 싶지 않을 것 같아요."

'아이들이 그 긴 세월을 이런 절망과 모욕을 안고 살아왔겠구나.' 하는 생각에 모두들 가슴 아파했다.

아이들과 함께하는 인간지옥 체험

6학년 모든 학급에서 담임교사들 주도하에 왕따 역할극을 했다. 왕따시키는 아이는 피해 아이의 아픔에 공감하지 못하는 것이 문제이기 때문에 그 아픔에 공감하는 경험이 왕따 문제 해결의 출발점이라는 것이 평화샘 프로젝트 왕따 대처 매뉴얼의 기본 전제이다.

왕따 역할극을 할 때 장난치거나 집중하지 못하는 아이들이 있기 때문에 담임교사 혼자가 아니라 보조교사 두 명이 함께 참가하여 진행하기로 했다.

수업은 왕따 아이들의 피해 사례를 읽어주는 것으로 시작하였다. 왕따 상황을 이야기하면서 방어자가 한 명도 없는 가해자로만 둘러싸인 인간지옥 모형을 아이들과 같이 만들었다.

왕따 역할극은 교사 연수 때 했던 내용으로 아이들을 세 팀으로 나눠서 동시에 진행했다.

아이들의 반응은 참가자 성향에 따라 다른데 원활한 진행을 위해 교사가 적절히 개입해야만 했다. 장난기 많은 아이들에게는 교사의 개입이 더 필요했다. 피해 아이에게 휴지를 던지는 장면에서 가해 역할을 하는 아이들은 너무 세게 던지거나 한꺼번에 여럿이 던지고 그걸 아주 재미있다고 웃어댔다. 힘 센 아이가 휴지를 맞으면 던진 아이에게 화를 내며 "너 이따가 보자."라고 말하기도 했다. 가해 행동을 하는 데 소극적인 아이들은 교사도 참여하면서 분위기를 이끌어야 했다. 그 어떤 아이도 가해자에게 둘러싸인 의자에 절대 앉고 싶어 하지 않았다.

한 사람의 역할이 끝날 때마다 기분이 어땠는지 물었다.

"아, 정말 화나요. 저 녀석이 피해자 역할 할 때 복수할 거예요."

"정말 다시는 원 안에 들어가고 싶지 않아요."

"3학년 때 왕따당했던 일이 생각나요."

역할극이 끝나고 다시 한 번 왕따 체험에 대한 이야기를 같이 나누고 글로 정리하는 시간을 가졌다. 그중에 희망자를 받아 정리한 글을 발표하게 하고 수업을 마쳤다.

오늘 왕따 체험을 했다. 계속 5학년 때가 생각나서 솔직히 너무 하기 싫었다. 직접적인 신체 폭력은 없었으나 행동이나 말로 상처를 입었다. 선생님께 말하면 벌을 받고 속 시원히 해결될 줄 알았는데 아니었다. 주의를 주시긴 했지만 선생님의 눈이 없는 곳에서 괴롭혔다. 선생님이 너무 원망스러웠다. 제발, 내가 5학년 때

겪었던 끔찍한 경험을 그 아이들이 계속 겪지 않았으면 좋겠다.

나는 오늘 참 기분이 우울했다. 왜냐하면 오늘 왕따 체험을 했기 때문이다. 내 이름으로 ○○○ 바이러스라고 해서 기분이 좀 더러웠다. 분명 체험이라고 생각했는데도 기분이 쓰레기가 된 기분이었다. 하지만 이게 실제 사례라니 정말 가슴이 아팠다. 나도 이제부터 왕따당하는 친구를 보면 멈춰를 하고 방어자의 역할을 할 것이다.

부모 모임

왕따 문제가 발생했음을 알리고 부모들과 같이 문제를 해결하고자 부모 모임을 소집했다. 왕따 매뉴얼에 있는 부모 안내장을 참고하여 우리 학교 사례에 맞게 문구를 수정한 뒤 가정으로 보냈다.

6학년 학생 220명 가운데 부모 모임에 참여한 부모는 모두 여섯 명이었다. 6학년이라는 특성도 있고 맞벌이 부모의 비율이 높은 것도 한 원인이지만 무엇보다 부모들이 왕따 문제를 자기 자녀의 일이라고 생각하지 않기 때문에 참석률이 저조한 것으로 생각되었다. 담임교사 7명과 교무부장 1명이 같이 참여하였다.

부모 모임에 참여하게 된 동기를 먼저 들어보았다.

"안내장을 보고 우리 학교에도 왕따가 있다는 사실을 알게 되었어요. 왕따라고 하면 인터넷 뉴스에나 나오는 이야기인 줄 알았지 우리 학교 이야기라고는 생각 안 했거든요."

"안내장에 나오는 사례 중에 실명은 없었지만 그래도 누군지 알 만한 아이도 있어요. 우리 애한테 왕따라고 듣긴 했지만 이 정도일 줄은 몰랐어요."

"당장 내가 무엇을 해야 할지 모르겠더라고요. 여기에서 그런 걸 알고 싶어요."

김 선생은 학교 폭력에 대한 기본적 이해를 위해 괴롭힘의 원에 대한 설명을 하고 방어자가 없이 가해자로만 둘러싸인 인간지옥을 설명하였다.

교사 연수 때 했던 내용으로 부모들과 함께 왕따 역할극을 해보았다.

"정말 기가 막히네요. 그 아이들을 생각하니 가슴이 먹먹해져요."

"너무 기분 나쁘고 모욕적이에요. 이걸 어떻게 견뎠을까요?"

"저는 역할극 못 하겠어요."

결국 한 어머니는 역할극을 지켜만 보다가 눈물을 흘렸고 끝내 참여하지 못했다.

왕따 발생 시 부모의 역할에 대해 논의할 때는 어떻게 하자라는 식의 협의보다는 구체적인 대응 지침을 원했다. 아직 갈피를 잡지 못하는 상황에서는 당장 눈에 보이는 지침이 더 절실했기 때문이다. 우리 아이가 가해자일 때, 피해자일 때, 방관자일 때 상황별로 행동 지침을 안내하였다.

마지막으로 김 선생은 부모 대표에게 아이들 총회에 참석하여 오늘 느낀 점과 부모로서 왕따당하는 아이를 돕겠다는 내용으로 발표해 줄 것을 부탁했다.

목소리를 잃어버린 아이들

　피해 아이나 피해 아이 부모와 상담할 때는 담임교사와 부장교사가 동석하였다. 김 선생은 이번 총회에서는 피해 아이의 목소리가 드러나야 한다는 생각에 영희, 현성이, 은이의 목소리를 듣고자 했다. 그런데 총회를 준비하면서 이것이 제일 큰 난관이 될 줄은 몰랐다. 세 명 가운데 어느 한 사람도 자기 일로 총회를 원하는 아이가 없었다. 어쩌면 그것이 너무나 당연한 일이었지만 작년 왕따 총회에서도 그렇고, 재호 때도 피해 아이들이 총회 자체를 거부하지 않았기 때문에 세 명의 아이들이 총회를 하지 말라고 했을 때 김 선생은 적지 않게 당황했다.
　현성이는 조사된 피해 사례를 이야기하자 "그런 일 없어요."라거나 "기억이 안 나는데요."라고 말하였다. 6학년이 되어서는 괴롭히는 아이도 없는데 왜 총회를 해야 하느냐고 했다.
　은이는 왕따 문제로 등교 거부까지 했다. 은이 문제를 해결하기 위해 총회를 하는 거라고 얘기했지만 은이는 이미 교사에게도, 아이들에게도 어떤 기대도 하지 않았다. 예전에도 선생님이 자기를 따돌리는 아이들을 혼내기도 하고 사과 편지도 쓰라고 시켰지만 결국 돌아오는 건 "너 때문에 우리만 혼났잖아."라며 보복하거나 며칠 지나면 다시 예전처럼 자기를 왕따시켰다는 것이다. 은이는 왕따를 해결할 수 있는 유일한 길은 전학뿐이라고 생각하고 있었다.

피해 아이 부모들도 총회를 선뜻 받아들이지 못하였다. 공개적으로 문제를 다룰 경우 우리 자식이 왕따라는 걸 모르는 아이도 알게 될 거고 왕따로 낙인찍혀 더 괴롭힘을 당하는 것이 아니냐고 걱정하였다. 그러나 교사들이 재호의 사례를 들며 왕따 문제를 해결할 수 있다고 설득하자 부모들은 총회에 동의하였다. 은이 어머니는 "이래도 왕따당하고 저래도 왕따당하는데 마지막 방법이라고 생각하고 총회를 해보지요."라고 말하였다.

김 선생이 피해 아이들과 부모 면담을 하면서 찾은 한 가지 공통점이 있는데, 모두들 교사로부터 "너도 잘못이 있다."라는 말을 들었다는 것이다. 은이가 집에서 엄마에게 늘 듣던 이야기도 "너에게도 잘못이 있어.", "네가 잘해야 한다."는 말이었다. 왕따는 피해자를 제외한 모든 사람이 가해자라는 말이 김 선생의 가슴에 콱 박혔다.

피해 아이들은 자신의 목소리를 잃어버린 지 오래였다. 총회 때 피해 아이 목소리를 드러내려던 계획은 취소되었다. 그리고 실명으로 피해 사례를 읽어주려던 것도 수정하여 이름을 밝히지 않고 총회를 열기로 했다.

두 번째 학년 총회

6월 11일, 왕따 해결을 위한 두 번째 총회가 열렸다. 긴급 부모 모임 때 오셨던 부모들도 몇 명 참여하였다. 같은 주제로 두 번째 총회라 아이들의 긴장감도 집중력도 떨어졌다. 그리고 이번에 드러내려 했던 피해 아이 목소리를 포기하면서 맥이 빠진 상태였다.

두 번째 총회가 열린 이유와 총회를 위해 진행했던 과정을 설명하였다. 피해 아이의 실명은 거론하지 않은 채 피해 사례를 읽어주었다. 이름은 밝히지 않았지만 그 아이가 누구인지는 아이들도 다 알고 있었다.

5학년 때, ○○○이 그 아이 머리에 쓰레기를 뿌렸다. 몇몇 애들이 '킥킥.' 하면서 웃어댔다.

5학년 때 그 애랑 같은 반이었는데 반 애들 전체가 그 애랑 부딪히거나 스치기만 하면 더럽다고 그러면서 다른 애들한테 묻히고 다니거나 애들 책상에 묻히곤 했다.

그 아이의 실수 하나하나가 놀림의 대상이었다. 심지어 같은 교실에서도 선생님이 안 계시면 그 아이에게 "아, 씨×. ×나 역겨워."라고 말했다.

2학년 때, 그 아이가 우리 반으로 전학을 왔다. 그때부터 무슨 이유인지 모르겠지만 남자애들이 따돌렸다. 언젠가는 남자애들이 그 아이를 발로 찬 적도 있다.

이번에도 아이들에게 자유발언 기회를 주었으나 아무도 나서지 않았다.

바로 학부모 발언 시간을 가졌다.

"이 아이들이 괴롭힘당하고 있는 것을 모르고 지내온 어른들 역시 잘못이 큽니다. 처음 부모 모임 안내장을 받았을 때도 그랬고, 선생님께 왕따 아이들이 당했던 이야기를 들었을 때에도 너무 가슴이 아프고 떨렸습니다."

어머니의 말씀에 아이들은 다시 진지해졌다. 어머니는 친구에 대한 배려와 존중을 내내 당부하며 이야기를 마쳤다.

교사 발언은 재호 담임교사가 하였다.

"여러분들이 몇몇 친구들에게 한 행동은 명백한 폭력입니다. 선생님들은 한 사람을 여럿이서 따돌리고 괴롭히는 행동에 대해 단호하게 대처할 것이며 반드시 해결할 것입니다."

마지막으로 아이들에게 발언할 기회를 다시 주었다. 그때 한 여자아이가 손을 들더니 무대 위로 올라왔다. 평소 말이 없던 아이가 나와서 그런지 아이들은 웅성거리며 술렁였다.

"너희들은 왕따시키는 것이 재미있니? 왕따당하는 아이가 얼마나 괴로운지 그 마음을 모르겠니? 너희들이 하는 행동이 당하는 사람한테는 정말 고통이라는 걸 알아야 해."

거의 울부짖으며 소리치는 그 모습에 아이들은 다시 숙연해졌다. 총회는 이 아이의 이야기를 마지막으로 끝을 맺었다.

그 뒤 이야기

"재호가 교실에서 자기 팀이 게임에 이기자 아이들에게 하이파이브를 한 거예요. 재호가 돌아가면서 아이들과 하이파이브를 하는데 한 남자아이가 주춤하니까 '너 아직도 나 싫어하니?'라고 묻던데요. 그 아이는 당황해서 '아, 아니야.' 하고 하이파이브를 했어요."

총회 이후 가장 많이 변한 아이는 재호다. 항상 아이들하고 어울렸고 왕따 경험으로 인해 생긴 소극성을 고치려고 애쓰고 있다.

은이에게는 현장체험 학습 때 같이 다닐 친구가 생겼다. 동네에서 오가다 보면 학원 앞에 친구들과 어울려 서 있는 모습을 자주 보게 된다.

이 아이들이 아직 다른 아이들과 대등한 관계가 된 것은 아니다. 두 번째 총회 때 마지막 발언한 아이를 두고 "저러니까 왕따당하지."라고 말하며 뒷담화한 아이도 있다. 그래도 대다수 아이들은 다른 아이를 왕따시키는 행동을 하지 않고 있고, 학년 아이들의 분위기도 전체적으로 밝아졌다.

일진 아이들도 다른 아이들과의 관계가 달라졌다. 왕따를 주도하지도 않고 다른 친구들에게 끼치는 영향력도 많이 줄었다. 문제는 다른 아이들을 왕따시키지 못하게 되면서 일진 아이들이 서로를 왕따시키는 모습이 나타나기 시작했다. 그래도 의미가 있는 것은 예전과는 다르게 일진 아이들 내부의 왕따 문제도 교사에게 알려진다는 것이다. 일진 아이들도 자신이 피해를 당하면 적극적으로 교사에게 도움을 요청한다.

평화샘 프로젝트는 어른들이 아이들을 보살피는 힘뿐 아니라 아이들이 서로를 보살피는 힘을 만든다. 그 과정에서 교사와 아이들은 서로에 대한 믿음, 평화, 참여, 연대의 가치를 계발하면서 서로의 관계를 변화시키며 함께 성장하고 있다.

중학교 사례

최초의 중학교
왕따 역할극

마을공동체교육연구소 사무국장 김수동

　4교시 점심시간 1시간 전, 왕따 역할극을 하러 교실로 가면서 내내 긴장이 되었다. 초등학교에서는 왕따 역할극을 진행하고 그 효과가 검증되었지만, 중학교에서는 처음으로 진행하는 것이라 어떻게 될지 불안하기도 하고 설레기도 하였다.

　교실에서 만난 중학교 2학년 남학생들은 교장선생님, 담임선생님, 나 이렇게 3명이 들어섰는데도 전혀 아랑곳하지 않고 잠을 자거나 자기들끼리 수군거렸다. 이런 어수선한 상황에서 역할극이 제대로 될 수 있을까 담임선생님은 미리부터 걱정이었고, 역할극을 도와주러 참여한 나도 걱정되기는 마찬가지였다.

　이런 분위기는 교장선생님의 진심 어린 이야기로 바뀌기 시작했다.

"오늘 왕따 역할극은 그동안 왕따를 당해왔던 우리 친구를 위해서 하는 것입니다. 친구가 얼마나 힘들었는지를 느껴보자고 하는 것인데 지금처럼 장난치고 소란스러우면 친구가 더 속상할 겁니다."

교장선생님의 말이 끝나자 아이들의 표정이 진지해졌고, 앞에 있는 우리를 바라보기 시작했다.

아이들의 시선이 모아지고 역할극을 시작해야 하는 순간 담임선생님은 자신이 없는지 갑자기 나에게 진행을 부탁하였다. 갑작스런 부탁에 약간 당황하기는 했지만 나 역시 왕따 역할극을 처음 진행할 때 무척 긴장했던 기억이 떠올라 부담을 느끼는 담임선생님의 마음이 이해가 되었다.

왕따 역할극 진행과정을 간단히 설명하고 성용이가 겪었던 왕따 일화를 낭독했다. 아이들은 지난 일이 떠오르는지 눈을 감고 있는 아이, 고개를 끄덕이는 아이, 고개를 숙인 아이 모두가 숙연했다.

역할극을 하기 위해 먼저 "처음 가해 행동을 할 사람?" 했더니 여기저기서 손을 들었다. 가해 행동을 시작할 아이를 정하고 역할극 대본 중 하나를 선택하여 30명 모든 아이들이 순서대로 왕따 역할극을 진행하였다.

처음에는 어색하고 어려워했는데 시간이 지날수록 실제 상황처럼 실감 나게 별명을 부르고 큰 소리로 욕을 했다. 이런 상황에서 왕따 역할을 맡은 아이들은 움찔해서 뒤로 물러나기도 하고, 주먹을 쥐고 떨기도 하고, 심지어 땀을 흘리기까지 했다. 왕따 역할극을 마치고 한 명 한 명 인터뷰할 때마다 아이들은 발갛게 상기된 얼굴로 숨을 몰아쉬고는 떨리는 목소리로 이야기했다.

"짜증 나요. 풀짜증이에요."
"어떻게 할 수가 없어요."
"막 때려주고 싶어요."
"도망가고 싶어요."

성용이에 대한 왕따를 주도했던 아이 차례에는 아이들이 더욱 큰 소리로 외쳤다. 아이는 당황해서 어쩔 줄을 몰라 했다. 왕따가 된 느낌을 물었더니 "많이 황당하고 짜증이 나요. 학교에 오기도 싫고, 모두가 싫어요."라면서 고개를 숙였다.

왕따 역할극을 다 진행하지 못했는데 점심시간을 알리는 종이 울렸다. 순간 "점심시간 종이 울리기 전부터 아이들은 카운트다운을 하기 때문에 집중이 되지 않아요."라는 담임선생님의 말이 떠오르면서 불안해졌다. 하지만 예상과 달리 아이들은 움직이지 않았다. 담임선생님도 놀라는 눈치였다. 역할극을 마치고 아이들이 소감과 다짐을 쓰는 시간까지 15분이 더 지났지만 끝까지 흐트러지지 않았다.

아이들은 역할극을 마친 소감을 이렇게 표현했다.

"왕따란 그 무엇보다도 심각한 악인 것 같다. 성용이의 입장을 알 수 있을 것 같고 앞으로는 방어해주는 친구가 돼야겠다고 생각했다."
"직접 역할을 해보니까 말 한마디 한마디가 조금 무서웠다. 또 도와주는 방어자 역할을 할 때에는 뿌듯하고 보람을 느꼈다. 앞으로는 상대방 입장도 생각하면서 이런 뿌듯한 느낌을 더 자주 느껴야 한다는 생각이 들었다."
"성용이의 마음을 알 것 같다. 앞으로 그런 친구가 있다면 모른 척하지 말고 같이 도와주어야겠다. 당해보니까 알 것 같다."

역할극이 끝나고 담임선생님은 한 사람 한 사람이 진심으로 사과를 하기 위한 화해와 성찰 주간을 제안했고 아이들은 밝은 얼굴로 힘차게 대답했다.

담임선생님은 아이들이 이렇게 적극적으로 참여할 줄 몰랐다며 환하게 웃으셨다. 처음부터 역할극을 지켜본 성용이도 만족해하였다.

담임선생님은 학교에서 지금 학급 협약을 준비 중인데 폭력에 대처하는 4대 규칙을 아이들과 논의해서 학급 규칙으로 정하고, 멈춰와 역할극을 실천해보겠다고 하였다. 그리고 학교 차원에서 부모 모임을 하여 부모 왕따 역할극도 진행해보기로 하였다.

중학교 선생님들은 역할극의 효과에 대해서 불신하는 경우가 많다. 초등학교에서는 몰라도 중학교에서는 어렵다는 것이다. 하지만 이 사례는 그러한 생각이 기우에 불과하다는 것을 잘 보여준다. 교장선생님과 담임선생님의 의지가 확고하고 전문가들의 도움을 받으려는 열린 마음을 가지면 중학교에서도 가능할 뿐만 아니라 행복한 결과를 가져올 수 있다.

어떻게 이런 일이 가능했을까?

교장선생님의 적극적인 의지로
왕따 대처 매뉴얼을 시작하다

5월 늦은 밤. ○○중학교 2학년 성용이네 가족이 연구소를 찾아왔다. 성용이가 반 아이들에게 지속적인 왕따를 당한 사실을 알게 된 가족이 학교를 찾아가 항의를 하였다. 학교에서 성용이한테 진술서도 받지 않고, 가족에게 알리지도 않은 채 학교폭력대책자치위원회를 개최하였기 때문이다.

다음 날 ○○중학교를 찾아가 교장실에서 교장, 교감선생님과 면담을 하면서 확인하니 성용이네 가족이 이야기했던 그대로였다. 사안 처리의 기본적인 절차를 지키지 않은 명백한 하자가 있는 결정이라고 했더니, 학교에서도 바쁘게 진행하다 보니 절차상 문제가 있었다는 것을 바로 인정하였다. 하지만 이미 자치위원회가 열렸기 때문에 재심이 열리면 그 결과에 따르기로 하고, 다시 피해 아이 진술서를 받으면서 제대로 된 왕따 대처 매뉴얼을 진행해보는 것이 어떻겠냐고 제안을 하였다. 보통 학교를 찾아가서 프로그램을 제안하면 "검토해보겠습니다. 필요하면 연락드리겠습니다."라는 형식적인 답변을 주로 들었기에 커다란 기대를 하지는 않았다. 그런데 뜻밖의 일이 벌어졌다.

"저도 사실 왕따 문제를 어떻게 해야 하나 고민이 많았는데 우리를 도와주신다면 좋습니다. 프로그램을 진행해볼게요."라고 교장선생님이 흔쾌하게 동의하고 나선 것이다. 나도 놀랐지만 그 자리에 함께 있던 교감선생님도 놀란 표정이었다.

교사, 아이, 부모들이 왕따 역할극을 진행하자는 제안도 교장선생님은 바로 수용하였고 담임선생님도 직접 설득하였다.

성용이의 아픔을 이해하는 선생님들
-교사 왕따 역할극

6월 중순 오후 3시 ○○중학교 도서실에서 교사 왕따 역할극을 진행하기로 하였다. 마을공동체교육연구소의 교사 연구원과 상근 연구원인 내가 진행을 맡았다.

연수가 시작되었지만 도서실의 좌석은 반도 차지 않았다. 방과 후 수업을 하는 선생님들은 늦게 참여하고 2학년 교사들을 중심으로 진행한다는 이야기를 듣기는 했지만 빈자리가 많은 것을 보니 걱정이 되었다.

역할극을 하기 전에 성용이가 겪었던 왕따 일화를 교사 연구원이 읽었다. 왕따 일화를 읽기 시작하자 도서실은 쥐 죽은 듯이 조용해졌다. 일화를 듣는 내내 선생님들은 고개를 끄덕이고, 눈을 감고, 한숨을 쉬기도 하였다.

가해, 피해 아이 역할을 맡을 자원자를 모집했는데 선뜻 나서는 선생님이 없었다. 서로 얼굴만 쳐다보고 있는 상황이라 진행하는 교사 연구원도 난감한 표정이었다.

"학생부장 선생님이 가해자 맡으시고요, 성용이를 만나는 2학년 선생님들이 피해자 역할을 하면 좋을 것 같아요. 이왕 역할극 하는 것 빼지 말고 적극적으로 합시다."

교장선생님이었다. 교장선생님은 맨 앞자리에 자리를 잡고 앉아 역할극을 하는 내내 추임새를 넣었다. 교장선생님의 적극적인 태도에 선생님들은 아무도 자리를 뜨지 않고 집중했다. 역할극을 진행하는 사이 방과 후 수업을 마친 선생님들도 참여하여 도서실을 꽉 채웠고 분위기는 달아올랐다.

왕따당하는 성용이 역할을 맡은 복수 담임 여선생님과 2학년 선생님들은 전체가 가해자가 되어 별명과 욕설을 한꺼번에 외치자 어쩔 줄을 몰라 했다. 역할극이 끝나고 소감을 묻자 상기된 얼굴로 이렇게 말했다.

"내가 다른 세상에 살고 있는 것 같아요"

"아무도 나를 도와주지 않는 느낌이에요. 성용이가 정말 힘들었겠어요."

 마지막으로 담임선생님 차례가 되었는데, 아주 부담스러워해서 분위기가 어색해졌다. 이때도 교장선생님이 나섰다.

 "성용이가 가정적으로 보살핌을 받지 못하고 가족이 학교에 보인 거친 행동에 속이 상한 것도 사실입니다. 하지만 성용이가 우리 학교에 온 이상 성용이를 도와주는 역할을 해야 하는 것이 우리의 몫입니다. 이번 역할극도 우리가 성용이의 마음을 알자는 것이고 또 다른 아이들을 돕기 위해서 우리 선생님들이 무엇을 할까를 고민해보자는 자리입니다. 누가 잘못했다는 것이 아니니, 선생님 너무 부담 갖지 마세요."

 이번에도 교장선생님이 나서서 어색한 분위기를 풀고 마지막까지 집중할 수 있도록 역할을 해주었다. 학교 폭력 문제 해결에서 관리자의 의지와 입장이 얼마나 중요한지를 다시 한 번 느낄 수 있었다. 시간 관계상 모든 선생님들이 왕따 역할극을 하지 못한 점이 참 아쉬웠다.

왕따 역할극 준비를 위한 백지 진술

 성용이의 왕따 상황을 좀 더 구체적으로 파악하기 위하여 아이들의 백지 진술서를 받았다. 처음에는 담임선생님이 아주 부담스러워했다. 아이들이 과연 사실대로 쓸 것인지 확신도 없었고, 담임선생님이 성용이만 편애한다고 아이들로부터 오해를 받을까 걱정이 되었던 것이다. 그래서 이 조사가 담임선생님이 개별적으로 진행하는 것이 아니라 학교 차원에서 진행하는 것이라고 하고 진술서를 받자고 했더니 표정이 밝아졌다. 진술서를 어떻게 받아야 할지 모르겠다고 하여 연구소에서 준비 중인 왕따 대처 매뉴얼 중 관련된 부분을 발췌하여 함께 논의하고 대본도 준비했다. 특히 여기서는 담임선생님이 아이들에게 감성적으로 호소하는 것이 중요하니 그런 말을 준비하자고 했다.

　백지 진술서를 받는 동안 담임선생님은 다소 긴장한 표정이었지만 준비한 대로 진행하였고 아이들도 진지하게 진술서를 작성했다. 백지 진술서를 받고 나서 담임선생님은 "제가 과학 선생이라 그런지 아이들에게 감성적인 말로 표현하는 것이 잘 안 되네요. 그래도 아이들이 진지하게 받아주니 기분이 좋네요." 하면서 웃었다. 아이들의 백지 진술서는 성용이의 진술과 거의 일치하였고, 성용이가 이야기하지 않은 괴롭힘 사례들도 추가로 나왔다.

　바로 아이들과 왕따 역할극을 진행하려고 했지만 기말고사, 수련회 등 여러 일정이 겹쳐 7월 중순에야 역할극을 진행할 수 있었다. 역할극을 준비하기 위해 학교를 방문했을 때 담임선생님과 교장선생님은 아이들이 집중하지 않아 성용이가 더 상처를 받으면 어떻게 하느냐는 걱정을 했다. 그래서 백지 진술서를 받을 때처럼 아이들을 믿자고 했고,

학교 차원에서 왕따는 용납하지 않는다는 의지를 보여주기 위해 교장 선생님의 참여를 요청하였다. 교장선생님은 이번에도 흔쾌히 그렇게 하겠다고 약속했다.

부모들의
왕따 아이 구출작전

고양 ○○초 사례

현준이 이야기

○○ 학교는 수도권에 있는 신도시 그린벨트 지역 내에 위치해 있다. 그래서 도시에 있는 학교임에도 한 학년이 한 반으로 구성되어 있고, 전교생이 100명을 넘지 않는 작은 학교이다. 3학년 아이들은 남학생 9명, 여학생 6명 등 총 15명인데 이 중 학교 앞에 자리하고 있는 공동육아 어린이집 출신이 6명이고, 4명은 토박이다. 그래서 농촌의 작은 학교가 가진 특성이 나타난다. 먼저, 부모들이 거의 면식이 있고 학교 상황을 잘 안다. 또 선배의 영향이 더 강할 수밖에 없고 아이들 관계도 1~2학년 때 한번 고착되면 6학년까지 이어지는 특징이 있다.

3학년 초반에 현준이라는 친구가 전학을 왔다. 현준이는 어렸을 때부터 심한 아토피로 고생한 아이였다. 고름과 옷이 엉겨붙어서 그냥 벗길 경우 옷이 살을 떼어낼 지경이라 샤워기로 온몸을 적신 후에야 벗을 수 있을 정도였다. 그런 상황에서 부모는 아이의 아토피 치료 말고는 문해력이나 수학 능력 혹은 관계 맺기 등은 신경을 쓸 수도 없었다고 한다.

현준이는 전학을 오자마자 담임선생님한테 비난을 받았다. 아이가 그 전에 다니던 학교를 '꼴통학교'라고 하고, "너 같은 애는 다시 전학 가라."고 폭언을 했다. 학습 능력이 떨어지는 현준이는 항상 그런 비난을 받을 수밖에 없었고, 현준이는 무시해도 되는 대상으로 아이들에게 낙인찍혔다. 현준이는 영어수업에서도 왕따가 되었다. 영어 퀴즈 게임을 하는데 현준이가 자기 편이 되면 질 게 뻔하니까 같은 편을 하지 않겠다고 아이들이 거부를 하는 것이었다. 원어민 영어선생님과 담임선생님 모두 모둠별 스티커 제도를 운영하는데 그런 경쟁형 모둠학습이 왕따의 한 요인이 되었다.

한번은 성화와 용호가 분무기에 오줌을 담아 현준이에게 쏘는 사건이 발생했다. 현준이는 그냥 물인 줄 알고 엉겁결에 당했지만, 두 녀석은 그게 오줌인 것을 몇몇 아이들에게 큰 비밀이나 되는 양 알려주며 의기양양했다.

문제는 담임선생님이 아이들 사이의 괴롭힘이나 관계에 무관심했고, 심지어 폭력을 조장하는 측면도 있었다는 것이다. 공부를 잘하는 아이와 그렇지 못한 아이를 구분해서 성적으로 차별하는 분위기가 형성되어 공부를 잘하는 성화를 중심으로 서열질서가 만들어졌다.

　이런 상황을 몇몇 부모가 알게 되었고, 선생님께 말씀드렸지만 아이들 세계에 지나치게 개입하는 것이 바람직하지 못하다는 반응과 함께 자기에게 맡겨달라는 말만 들었다.

부모들의 5차례에 걸친 모임과 노력

　몇몇 부모가 가입하고 있는 공동육아 어린이집에서 '폭력 없는 세상 평화로운 관계 만들기'를 주제로 문재현 소장님의 강의가 있었다. 거기서 멈춰 제도와 역할극을 알게 되었고, 선생님이 못하면 부모들끼리 마음을 모아서 진행하자고 하였다. 다행히 가해자인 성화 부모도 적극적이었다. 1차 모임에서는 멈춰 프로그램과 역할극을 함께 공부하고 집에 가서 아이들과 함께 그것을 모든 가정에서 진행해보기로 했다.

　하지만 아이들의 괴롭힘은 은밀하게 계속되었다.

　한 여자아이가 아이들에게 '비밀결사대'를 조직해서 놀자는 제안을 했는데, 그 비밀결사대가 비밀리에 진행하는 일이 바로 '부모들 몰래 현준이 따시키기'라고 했다.

　이 일로 인해 부모들은 모든 아이들을 참여시켜서 함께 토론하고 약속하는 것이 필요하다고 느끼게 되었다. 그래서 부모와 아이들의 합동 모임을 가졌다.

이 모임에는 반 아이들 전체 15명과 엄마들 15명이 참석했고, 서로 하고 싶은 이야기를 하면서 관계가 많이 풀렸다. 특히 놀리는 말들에 아이들이 상처를 받는 것을 확인하고 역할극을 통해서 문제 해결을 시도하였다. 아이들이 놀리는 상황을 구성하여 그때마다 아이들 모두가 함께 '멈춰'를 외치는 연습을 하였다.

당근   야, 헐랭이~ 너 오늘 우산 안 갖고 왔나?
솔방울   야, 헐랭이라고 하지 마. 내가 그렇게 부르지 말랬잖아.
당근   헐랭이~ 헐랭이~ 헐랭이보고 헐랭이라고 하는데 어떠냐! 크크. 헐랭이~헐랭이~ 헐랭이~ 바지가 헐렁헐렁~ 윗도리도 헐렁~ 헐렁~ 헐랭이~ 헐랭이~ 헐랭이~

진행자가 아이들에게 눈짓을 했다.

아이들   멈춰! 멈춰! 멈춰!

다 같이 멈춰를 세 번 외쳐보게 했다.

(또 다른 사례)

패랭이꽃   야, 우리 이 고무줄 총으로 초록꽃(별명) 맞히자~!
도토리   그래, 재밌겠다~! 히히히.
강아지풀   야, 저기 초록꽃 나온다. ^-^ 조준~!
아이들   멈춰! 멈춰!

그리고 5차 모임에서 아이들과 함께 대동놀이를 하였다. 이 활동이 있은 후 교실에서 자주 '멈춰' 소리를 들을 수 있었다. 장난처럼 하는 친구들도 있지만 서로 어울리려고 노력하고 놀이의 규칙도 함께 정했다. 다만 놀이에 늦게 합류한 경우에는 미리 정해진 규칙에 따라야 한다는 약속도 하였다.

성과와 한계

이 프로그램을 아이들과 함께 진행하면서 많은 변화가 있었다.

아이들의 변화를 살펴보면 무엇보다 성화가 가장 많이 변했다. 아직도 아이들이 알게 모르게 성화에게 위축되어 있기도 했지만 아이들을 괴롭히거나 놀리는 일은 거의 없어졌다. 아이들끼리도 서로 멈춰를 하면서 관계를 조절하고 서로 놀리는 일이 사라졌다. 특히 현준이는 놀랍게 변했다. 부모들의 모임 이후 자신을 도와주는 힘을 느끼면서 이제 누가 놀리거나 괴롭힐 때 가만히 있는 것이 아니라 스스로 항의할 줄도 알게 되었다. 관계가 안정되자 현준이의 학습 능력도 아주 좋아져서 수학시험에서 100점을 맞았다. 아이들은 모두 놀랐고 현준이를 새롭게 인식하는 계기가 되었다.

부모들의 관계 역시 건강해졌다. 괴롭히는 아이나 괴롭힘을 당하는 아이의 부모가 서로 대립하는 것이 아니라 함께 모여서 상황을 공감하고 같이 규칙을 정하고 실천하는 경험을 통해서 함께 성장한 것은 소중한 경험이다.

하지만 한계 역시 분명하다. 아이들 관계가 근본적으로 변하기 위해서는 교사의 역할이 중요한데, 교사가 함께하지 않으면서 아이들 관계를 전면적으로 발전시킬 수가 없었다. 교실공동체는 아이들을 이해하고 관계 맺을 줄 아는 교사가 있어야 하는데 부모들 중심의 활동이라 아이들이 학습과 생활 전반에 걸친 협력관계를 경험하지 못하는 것이 안타깝다.

부록

설문지
가정통신문

왕따 조사 설문지
(3~6학년 학생용)

이 설문은 왕따를 예방하여 행복한 학교생활을 위한 것이니 솔직하게 답변하되, 무성의하고 장난스런 답변은 삼가주시기 바랍니다. 여러분의 솔직하고 성실한 답변은 여러분이 당할 수 있는 왕따를 예방하고 줄이는 데 많은 도움이 될 것입니다.

※ **왕따란?**

평소에 같이 어울려 다니는 아이들끼리 또는 학급, 학년, 학교 아이들 대다수가 한 아이를 따돌리는 것을 말합니다. 왕따를 당하는 아이는 학교 갈 때나 집에 올 때 혼자 다니고, 쉬는 시간이나 점심시간에도 혼자 있습니다. 여러 명의 아이들이 욕을 하거나 놀리고, 때리거나 툭툭 치고, 놀이에서 배척당하거나 편을 뽑고 모둠을 만들 때 맨 마지막까지 남아 있는 아이들입니다.

학년 (　　)학년　　　　**성별** 남☐ 여☐

※ 지난 (20 . .) 이후 현재 (20 . .)까지의 기간에 발생한 것으로 해당하는 번호에 V표 하여주시기 바랍니다.

01. 왕따를 당한 적이 있습니까?

① 있다   ② 없다

('있다'에 표시한 사람은 2~7번 문항도 표시해주세요. '없다'에 표시한 사람은 8번 문항부터 표시해주세요.)

02. 어떤 식으로 왕따를 당했습니까?(여러 개를 선택해도 됩니다.)

① 무시하거나 같이 놀지 않는다

② 욕하고 놀리며 망신을 준다

- 놀린다면 어떤 말로 놀리나요?

예시) 바이러스, 쓰레기 등 (   )

③ 툭툭 치거나 때리고, 여러 명이 힘겨루기 놀이를 하자고 한다

④ 하기 싫은 일을 억지로 시킨다(심부름, 가방 들기, 숙제 대신 하기 등)

⑤ 뒷담화를 하거나 나쁜 소문을 퍼뜨린다

⑥ 돈이나 물건을 빼앗거나 감춘다

⑦ 다른 사람과 못 놀게 한다

⑧ 문자(카톡 등)나 인터넷(카페, 블로거 등)으로 욕하거나 놀린다

⑨ 기타(자세히 써주세요.   )

03. 왕따를 당할 때 어떤 느낌이 들었나요?
(   )

04. 왜 왕따를 당한다고 생각하나요?
(   )

05. 주로 누가 왕따를 시키는지 알고 있나요?
① 알고 있다(있다면 누구인가요?   ) ② 모른다

06. 왕따를 당했을 때 도움을 요청한 적이 있나요?
① 있다(있다면 누구에게 했나요?   )
② 없다

07. 만일 아무에게도 도움을 요청하지 않았다면, 그 이유는 무엇입니까?
① 알려지는 것이 창피해서
② 선생님이나 부모님에게 야단맞을 것 같아서
③ 이야기해도 소용없을 것 같아서
④ 일이 커질 것 같아서
⑤ 사소한 일이라고 생각했기 때문에
⑥ 보복을 당할 것 같아서
⑦ 기타(자세히 써주세요.   )

08. 우리 학교에 왕따가 있다고 생각하나요?

① 있다　　　　② 없다　　　③ 모른다

09. 왕따가 있다면 누가 누구에게 어떻게 왕따를 당하는지 자세히 써주세요(우리 반은 물론 다른 반 친구도 알고 있다면 모두 써주세요).

	왕따를 당하는 사람은 누구인가요?	어떻게 왕따를 당하나요?(왕따시키는 구체적인 행동을 적어주세요.)	어느 정도의 아이들이 왕따를 시키나요? (아래 보기에서 번호를 골라 쓰세요.)	주로 누가 왕따를 시키나요?
1학년				
2학년				
3학년				
4학년				
5학년				
6학년				
보기	① 학교 대다수 아이들이 왕따를 시킨다. ② 학년 대다수 아이들이 왕따를 시킨다. ③ 학급 대다수 아이들이 왕따를 시킨다. ④ 평소에 어울려 노는 아이들끼리 왕따를 시킨다.			

10. 왕따 상황에서 나는 어떻게 하였나요?

① 나는 왕따를 당하고 있다

② 내가 먼저 괴롭히거나 따돌린다

③ 다른 친구가 괴롭히거나 따돌리면 옆에서 같이 따돌린다

④ 따돌리는 상황이 재미있어 낄낄거리며 웃고 따돌림을 부추긴다

⑤ 속으로 재미있다고 생각하고 가끔 쳐다본다

⑥ 누가 왕따를 당하든 관심이 없다. 힐끗 보고는 내 할 일을 한다

⑦ 안타깝지만 무섭거나 도와주면 내가 왕따를 당할까 봐 가만히 있는다

⑧ 왕따를 시키는 아이들에게 '하지 말라'고 말리거나 왕따당한 아이를 위로해준다

⑨ 부모님이나 담임선생님께 말씀드린다

⑩ 기타(자세히 써주세요.   )

11. 누군가 왕따를 당한 것을 보거나 들었을 때 도와준 적이 있나요?

① 있다   ② 없다

('있다'에 표시한 사람은 12번 문항도 표시해주세요. '없다'에 표시한 사람은 15번 문항도 표시해주세요.)

12. 있다면 어떻게 도와주었나요?

① 왕따당하는 아이와 친구가 되어주었다

② 왕따시키는 아이에게 하지 말라고 말했다

③ 선생님께 말씀드렸다(③을 표시한 사람은 13번 문항도 표시해주세요.)

④ 부모님께 말씀드렸다(④를 표시한 사람은 14번 문항도 표시

해주세요.)

　　⑤ 기타(자세히 써주세요.　　　　　　　　　　　)

13. 학급 담임선생님께 왕따가 있다는 것(또는 왕따를 당한다는 것, 또는 내가 왕따 시킨다는 것)을 말씀 드렸을 때 선생님은 어떻게 했나요?

　　① 별 반응이 없다

　　② 왕따시키는 아이만 불러서 혼을 낸다

　　③ 왕따당한 아이와 왕따시키는 아이를 같이 불러서 상황을 확인하고 잘잘못을 따진다

　　④ 학급 전체 아이들을 훈계한다

　　⑤ 왕따를 당하는 아이와 왕따시키는 아이와 각각 상담을 한 후 부모와 상담을 한다

　　⑥ 왕따 상황을 역할극으로 재연하고 모든 아이들이 왕따를 당한 아이를 도와주고 책임을 지게 한다

　　⑦ 기타(자세히 써주세요.　　　　　　　　　　　)

14. 부모님께 왕따가 있다는 것(또는 왕따를 당한다는 것, 또는 내가 왕따 시킨다는 것)을 말씀드렸을 때 부모님은 어떻게 했나요?(여러 개를 선택해도 됩니다.)

　　① 별 반응이 없다

　　② 학교 담임선생님께 알린다

③ 직접 피해자나 가해자 부모님에게 전화를 하거나 찾아간다

④ '친구들끼리 왜 그러니?' 하면서 사이좋게 지내라고만 한다

⑤ 기타(자세히 써주세요.   )

15. 왕따 상황에서 도와주지 않았다면 그 이유는 무엇입니까?

① 왕따시키는 아이들에게 보복을 당할 것 같아서

② 선생님이나 부모님에게 이야기했다가 오히려 내가 야단맞을 것 같아서

③ 내가 왕따를 당할까 봐

④ 왕따당하는 장면이 재미있어 보여서

⑤ 대단한 일이 아니라고 생각했기 때문에

⑥ 왕따당하는 아이가 당할 만하다고 생각해서

⑦ 부모나 선생님에게 이야기해도 해결에 별 도움이 되지 않을 것 같아서

⑧ 나랑 상관없는 일이어서

⑨ 기타(자세히 써주세요.   )

16. 이 기간 외에 왕따가 있었으면 써주세요(몇 학년 때 누구인지, 어떻게 당했는지 자세히 써주세요).

(   )

17. 학원이나 공부방을 다니는 사람만 답하세요. 학원이나 공부방에서 왕따당한 적이 있거나 왕따당하는 것을 본 적이 있으면 자세히 써주세요.

누가	언제	어느 학원(공부방)에서	어떻게 왕따를 당하나요?

18. 그 외 왕따 없는 우리 학교를 만들기 위하여 하고 싶은 이야기가 있으면 자유롭게 써주세요.

본 설문을 통해서 말할 수 없거나 곤란한 것은 학교폭력신고함 또는 학교 홈페이지 비밀 게시판, 학교 공용 휴대전화 등을 통해 신고하세요. 학교에서는 신고한 학생에 대해서 비밀을 철저히 지킬 것을 약속합니다.

 설문지

왕따 조사 설문지
(1~2학년 학생용)

이 설문은 왕따를 예방하여 행복한 학교생활을 위한 것이니 솔직하게 답변하되, 무성의하고 장난스러운 답변은 삼가주시기 바랍니다. 여러분들의 솔직하고도 성실한 답변은 여러분이 당할 수 있는 왕따를 예방하고 줄이는 데 많은 도움이 될 것입니다.

※ 왕따란?
평소에 같이 어울려 다니는 아이들끼리 또는 학급, 학년, 학교 아이들 대다수가 한 아이를 따돌리는 것을 말합니다. 왕따를 당하는 아이는 학교 갈 때나 집에 올 때 혼자 다니고, 쉬는 시간이나 점심시간에도 혼자 있습니다. 여러 명의 아이들이 욕을 하거나 놀리고, 때리거나 툭툭 치고, 놀이에서 배척당하거나 편을 뽑고 모둠을 만들 때 맨 마지막까지 남아 있는 아이들입니다.

학년 (   )학년   성별   남☐ 여☐

※ 지난 (20 . .) 이후 현재 (20 . .)까지의 기간에 발생한 것으로 해당하는 번호에 ∨표 하여주시기 바랍니다.

01. 왕따를 당한 적이 있습니까?

① 있다   ② 없다

('있다'에 표시한 사람은 2~7번 문항도 표시해주세요. '없다'에 표시한 사람은 8번 문항부터 표시해주세요.)

02. 어떤 식으로 왕따를 당했습니까?(여러 개를 선택해도 됩니다.)

① 무시하거나 같이 놀지 않는다

② 욕하고 놀리며 망신을 준다

- 놀린다면 어떤 말로 놀리나요?

예시) 바이러스, 쓰레기 등 (   )

③ 툭툭 치거나 때리고, 여러 명이 힘겨루기 놀이를 하자고 한다

④ 하기 싫은 일을 억지로 시킨다(심부름, 가방 들기, 숙제 대신 하기 등)

⑤ 뒷담화를 하거나 나쁜 소문을 퍼뜨린다

⑥ 돈이나 물건을 빼앗거나 감춘다

⑦ 다른 사람과 못 놀게 한다

⑧ 문자(카톡 등)나 인터넷(카페, 블로거 등)으로 욕하거나 놀린다

⑨ 기타(자세히 써주세요.   )

03. 왕따를 당할 때 어떤 느낌이 들었나요?

　　　(　　　　　　　　　　　　　　　　)

04. 왜 왕따를 당한다고 생각하나요?

　　　(　　　　　　　　　　　　)

05. 주로 누가 왕따를 시키는지 알고 있나요?

　　　① 알고 있다(있다면 누구인가요?　　　　) ② 모른다

06. 왕따당할 때 도움을 요청한 적이 있나요?

　　　① 있다(있다면 누구에게 했나요?　　　　)
　　　② 없다

07. 만일 아무에게도 도움을 요청하지 않았다면, 그 이유는 무엇입니까?

　　　① 알려지는 것이 창피해서
　　　② 선생님이나 부모님에게 야단맞을 것 같아서
　　　③ 이야기해도 소용없을 것 같아서
　　　④ 일이 커질 것 같아서
　　　⑤ 사소한 일이라고 생각했기 때문에
　　　⑥ 보복을 당할 것 같아서
　　　⑦ 기타(자세히 써주세요.　　　　　　　　　　　)

08. 우리 학교에 왕따가 있다고 생각하나요?

　　① 있다　　　　② 없다　　　　③ 모른다

09. 왕따가 있다면 누가 누구에게 어떻게 왕따를 당하는지 자세히 써주세요(우리 반은 물론 다른 반 친구도 알고 있다면 모두 써주세요).

	왕따를 당하는 사람은 누구인가요?	어떻게 왕따를 당하나요?(왕따시키는 구체적인 행동을 적어주세요.)	어느 정도의 아이들이 왕따를 시키나요? (아래 보기에서 번호를 골라 쓰세요.)	주로 누가 왕따를 시키나요?
1학년				
2학년				
보기	① 학교 대다수 아이들이 왕따를 시킨다 ② 학년 대다수 아이들이 왕따를 시킨다 ③ 학급 대다수 아이들이 왕따를 시킨다 ④ 평소에 어울려 노는 아이들끼리 왕따를 시킨다			

10. 왕따 상황에서 나는 어떻게 하였나요?

　　① 나는 왕따를 당하고 있다

　　② 내가 먼저 괴롭히거나 따돌린다

　　③ 다른 친구가 괴롭히거나 따돌리면 옆에서 같이 따돌린다

　　④ 누가 왕따를 당하든 관심이 없다. 힐끗 보고는 내 할 일을 한다

　　⑤ 왕따를 시키는 아이들에게 '하지 마라.'고 말리거나 왕따당한 아이를 위로해준다

⑥ 부모님이나 담임선생님께 말씀드린다

⑦ 기타(자세히 써주세요.   )

11. 학원이나 공부방에 다니는 사람만 답하세요. 학원이나 공부방에서 왕따를 당한 적이 있거나 왕따당하는 것을 본 적이 있으면 자세히 써주세요.

누가	언제	어느 학원(공부방)에서	어떻게 왕따를 당하나요?

12. 그 외 왕따 없는 우리 학교를 만들기 위하여 하고 싶은 이야기가 있으면 자유롭게 써주세요.

본 설문을 통해서 말할 수 없거나 곤란한 것은 학교폭력신고함 또는 학교 홈페이지 비밀 게시판, 학교 공용 휴대전화 등을 통해 신고하세요. 학교에서는 신고한 학생에 대해서 비밀을 철저히 지킬 것을 약속합니다.

왕따 조사 설문지
(부모용)

이 설문은 왕따를 예방하여 행복한 학교생활을 위한 것이니 솔직하게 답변해주세요. 부모님의 솔직하고 성실한 답변은 아이들이 당할 수 있는 왕따를 예방하고 줄이는 데 많은 도움이 될 것입니다.

※ **왕따란?**
평소에 같이 어울려 다니는 아이들끼리 또는 학급, 학년, 학교 아이들 대다수가 한 아이를 따돌리는 것을 말합니다. 왕따를 당하는 아이는 학교 갈 때나 집에 올 때 혼자 다니고, 쉬는 시간이나 점심시간에도 혼자 있습니다. 여러 명의 아이들이 욕을 하거나 놀리고, 때리거나 툭툭 치고, 놀이에서 배척당하거나 편을 뽑고 모둠을 만들 때 맨 마지막까지 남아 있는 아이들입니다.

자녀의 학년 ( )학년　　　자녀의 성별　남☐　여☐

01. 내 아이가 학교에서 왕따를 당한 적이 있습니까?

　　① 있다　　　　② 없다

01-1. 있다면 언제 당했나요?

언제	어디에서	어떻게 왕따를 당했나요?

01-2. 있다면 어떻게 하셨나요?(만약 알게 된다면 어떻게 하시겠습니까? 여러 개를 선택해도 됩니다.)

① 학교 담임선생님에게 알려서 적절한 대처를 요구한다
② 왕따를 시킨 학생의 부모에게 알리는 등 직접 나서서 해결한다
③ 상담기관 등에 가서 상의한다
④ 피해가 커질까 봐 가만히 있는다
⑤ 아이에게 분명히 싫다는 표현과 태도를 취하라고 이야기만 한다
⑥ 아이에게 '왜 말하지 않았어? 답답하게 넌 왜 당하고만 있었니?', '네가 학교에서 어떻게 행동하길래 다른 애들이 그러니?'라는 말을 한다
⑦ 기타(자세히 써주세요.　　　　　　　　　　　　)

02. 내 아이가 누구를 왕따시킨 적이 있습니까?

① 있다 　　　② 없다

02-1. 있다면 언제 누구를 왕따시켰나요?

언제	어디에서	누구를	어떻게 왕따를 시켰나요?

02-2. 있다면 어떻게 하셨나요?(만약 알게 된다면 어떻게 하시겠습니까? 여러 개를 선택해도 됩니다.)

① 학교 담임선생님에게 알려서 적절한 대처를 요구한다
② 피해 학생의 부모를 찾아가 직접 해결한다
③ 상담기관 등에 가서 상의한다
④ 상황이 커질까 봐 가만히 있는다
⑤ 아이에게 그러면 안 된다고 타이르고 친구끼리 잘 지내라고 한다
⑥ '네가 정말 괴롭혔니?', '넌 절대로 그렇게 하지 않았을 거야. 엄마는 널 믿어.', '왜 그랬어?'라는 말을 한다
⑦ 기타(자세히 써주세요.　　　　　　　　　　　　)

03. 내 아이 학교에 왕따가 있다는 것을 알고 있습니까?

① 있다(있다면 누구입니까?   )

② 없다

③ 모른다

03-1. 있다면 어떻게 알게 되었습니까?

① 아이들이 왕따시키는 장면을 직접 목격해서

② 왕따 징후를 보고

③ 아이들이 알려주어서

④ 학부모모임에서 듣거나 다른 학부모와 이야기하다가

⑤ 기타(자세히 써주세요.   )

03-2. 있다면 어떻게 하셨나요?(만약 알게 된다면 어떻게 하시겠습니까? 여러 개를 선택해도 됩니다.)

① 학교 담임선생님에게 알려서 적절한 대처를 요구한다

② 해당 학생의 부모에게 알리는 등 부모들이 해결하도록 한다

③ 내 아이에게 왕따당하는 아이를 도와주어야 한다고 했다

④ 학교에서 알아서 처리할 거라 믿고 지켜본다

⑤ 전문 상담기관을 찾아간다

⑥ 그냥 지켜본다

⑦ '너도 다른 애들이랑 같이 괴롭혔니?', '괜히 나섰다가 너도 왕

따당할 수 있으니까 그냥 가만히 있어.'라는 말을 하면서 아이에게 사건에 참여하지 말라고 한다

⑧ 기타(자세히 써주세요.   )

04. 그 외 왕따 없는 우리 학교를 만들기 위하여 하고 싶은 이야기가 있으면 자유롭게 써주세요.

왕따 조사 설문지
(교사용)

이 설문은 왕따를 예방하여 행복한 학교생활을 위한 것이니 솔직하게 답변해주시기 바랍니다. 선생님의 솔직하고 성실한 답변은 학생들이 당할 수 있는 왕따를 예방하고 줄이는 데 많은 도움이 될 것입니다.

※ **왕따란?**
평소에 같이 어울려 다니는 아이들끼리 또는 학급, 학년, 학교 아이들 대다수가 한 아이를 따돌리는 것을 말합니다. 왕따를 당하는 아이는 학교 갈 때나 집에 올 때 혼자 다니고, 쉬는 시간이나 점심시간에도 혼자 있습니다. 여러 명의 아이들이 욕을 하거나 놀리고, 때리거나 툭툭 치고, 놀이에서 배척당하거나 편을 뽑고 모둠을 만들 때 맨 마지막까지 남아 있는 아이들입니다.

담임 (   ) 학년 / 전담 (   )   **성별   남☐ 여☐**

※ 지난 (20 . .) 이후 현재 (20 . .)까지의 기간에 발생한 것으로 해당 항에 ∨표 하여주시기 바랍니다.

01. 선생님의 학급이나 학년에 왕따가 있습니까?
  ① 있다(있다면 누구입니까?   )
  ② 없다
  ③ 모르겠다

02. 왕따가 있다는 것을 어떻게 알게 되었습니까?
  ① 아이들이 왕따시키는 장면을 직접 목격해서
  ② 왕따 징후를 보고
  ③ 아이들이 알려주어서
  ④ 학부모가 알려주어서
  ⑤ 동료 교사가 알려주어서
  ⑥ 경찰서 및 청소년 관련 기관의 정보 제공
  ⑦ 기타(자세히 써주세요.   )

03. 왕따가 있다는 것을 알고 나서 어떻게 하였습니까?(또는 만약 알게 된다면 어떻게 하시겠습니까? 여러 개를 선택해도 됩니다.)
  ① 별 신경 안 쓴다
  ② 왕따를 주도한 아이만 불러서 혼을 낸다

③ 왕따당한 아이와 왕따를 주도한 아이를 같이 불러서 상황을 확인하고 잘잘못을 따진다
④ 학급 전체 아이들에게 '하지 말라'고 훈계를 하고 지켜본다
⑤ 왕따를 당하는 아이와 왕따를 주도하는 아이와 각각 상담을 한 후 부모와 상담을 한다
⑥ 왕따 상황을 역할극으로 재연하고 모든 아이들이 왕따를 당한 아이를 도와주고 책임을 지게 한다
⑦ 기타(자세히 써주세요.   )

04. 학생들에게 왕따에 대해 생활지도를 할 때 가장 어려운 것은 무엇이라고 생각하십니까?
① 현상을 목격하거나 발견하기가 어렵다
② 학교 측에서 별 관심이 없다
③ 왕따인 아이가 잘못이라고 책임을 돌리면서 거부하는 전체 아이들의 태도에 맞서기가 어렵다
④ 현상 자체가 워낙 복잡해서 철저하게 대처하지 않으면 피해 학생이 더 큰 피해를 입을 수 있다
⑤ 피해 학생이 피해 상황을 적극적으로 표현하거나 도움을 요청하지 않는다
⑥ 학생들을 생활지도할 만한 시간적 여유가 없다
⑦ 가해자가 너무 많아 어디서부터 접근해서 어떻게 다루어야 할

지 방법을 모르겠다
⑧ 문제를 드러내놓고 이야기하면 오히려 담임인 내가 생활지도를 잘못해서 생긴 문제로 책임이 돌아올까 두렵다
⑨ 문제를 인정하지 않고 거부하는 부모나 관리자들 때문에 어렵다
⑩ 기타(자세히 써주세요.   )

우리 학교에 심각한 왕따가 발생하였습니다

　우리 학교에 왕따당하는 아이가 있다는 것을 알게 되었습니다.
　피해 아이를 반(학년) 아이들 전체가 피해 다니고, 지난 ○년간 투명인간 취급하였습니다. 아이들은 피해 아이가 계단이나 복도를 지나가면 "아, 더러워." 또는 "아 씨×." 하면서 욕하거나 다른 아이들한테 "나 아무개하고 닿았어. 너도 닿아라." 그러면서 자기가 닿은 부분을 아이들한테 치고 다녔습니다. 또한, '돼지', '장애인', '살빨돼지', '바이러스', '음식물쓰레기' 등으로 부르고, 심지어 쓰레기를 던지거나 의자에 압정을 놓고, 아예 교실에서 피해 아이의 의자를 치우기도 하였습니다.
　그런 일을 겪는 동안 피해 아이는 학교에 오기 싫고, 죽고 싶은 심정이었다고 합니다.
　피해 아이가 얼마나 힘들고 고통스러웠을지 정말 가슴이 아픕니다. 피해 아이의 고통을 학교에서 그동안 알지 못하고 돕지 못한 것에 큰 책임을 느낍니다.
　이것은 매우 심각한 문제이며 앞으로 학교 전체에서 문제 해결을 위해 주력할 것입니다.

왕따를 없애려는 노력은 반 전체 또는 학년 전체가 하지 않으면 해결이 안 됩니다. 왕따는 피해자를 제외한 모든 사람이 가해자이기 때문입니다. 그러려면 부모님들의 협력이 반드시 필요합니다. 학교와 부모의 협력은 또 다른 피해자가 생기는 것을 예방할 수 있을 것입니다.

　그래서 학교에서는 상황을 공유하고, 이후 해결책을 함께 논의하기 위해 부모 모임을 제안드립니다. 이번 과정을 통해 피해 아이가 치유되고 관계를 회복하며 모든 아이들과 교사, 부모가 그동안의 과정을 반성하고 성장하는 기회가 되었으면 합니다.

　내 아이가 당한 일이 아니라고 무심히 넘기지 마시고, 우리 아이들 모두의 문제라는 생각으로 바쁘고 힘드시더라도 꼭 참석해주시기를 바랍니다.

왕따 해결을 위한 부모 모임

- **일시** : 2○○○년 ○월 ○일 ○요일 ○시
- **장소** : 각 반 교실
- **문의** : 담임 ○○○(연락처 : 000-0000-0000)

○○○○학교장

------- 절 취 선 -------

왕따 해결을 위한 부모 모임 참가 신청서

학년	반	학생 이름	부모 이름	참석 여부(○, ×)

가정통신문
첨부자료

부모 모임에 오시기 전에
아이들과 어떤 얘기를 나누어야 할까요?

우선 이번 왕따 사건에 대한 어른들의 인식과 자세를 아이들에게 분명하게 전달해야 합니다.

"그동안 너희 반에 왕따가 있었다는 사실을 알아. 그건 너를 포함한 반 아이들 전체가 다 같이 괴롭혔다는 것을 의미한다는 것도 알아. 앞으로 이 왕따 사건을 해결하기 위해서 우리 부모들도 다 함께 노력할 거야."

이것은 아이들에게 학교와 부모가 하나 되어 이 문제를 해결하겠다는 명확한 메시지를 전달하여 아이들에게 '이번 일이 정말 심각하구나.'라고 느끼게 할 것입니다. 그리고 왕따시키는 행동이 잘못된 일이라는 것을 깨닫게 하는 것이 중요합니다.

우리 아이가 피해자일 때

"그동안 얼마나 힘들었니? 네가 학교 가기 싫다고 했을 때 엄마가 알아챘어야 하는데 정말 미안해. 이 문제가 제대로 해결되어 네 마음의 상처를 치유하고 친구들과의 관계가 회복될 때까지 엄마랑 아빠는 할 수 있는 모든 일을 할 거야."

"학교의 모든 선생님과 교장, 교감 선생님도 너를 돕겠다고 약속하셨어."

"너에게 어떤 일이 일어났는지 자세히 이야기해줄 수 있겠니?"

❶ 가장 먼저 아이를 끝까지 보호하고 문제를 해결할 것이라는 분명한 메시지를 주는 것이 중요합니다. 왕따당하는 동안 지친 심신을 어루만져주어 아이가 부모를 신뢰할 수 있도록 만드는 것은 아이의 마음을 여는 중요한 열쇠가 됩니다.

❷ 아이에게 피해 사실을 구체적으로 확인하면 당황하지 말고 괴롭힘 상황을 구체적으로 파악합니다(녹음, 진술서, 사진 등의 증거 자료를 확보합니다).

❸ 학교에 알려 함께 해결방법을 찾습니다.

❹ 아이를 도울 수 있는 친구관계를 만들어주어야 합니다.

❺ 가족회의를 통해 위로하고 가족 모두가 도울 것이라는 믿음을 줍니다. 그리고 폭력에 대처하는 가족 규칙을 만듭니다.

〈평화로운 우리 가족을 위한 4대 규칙 예시〉
1. 우리 가족은 어떠한 폭력도 행사하지 않을 것이다.
2. 우리는 가족 내에서 일어나는 어떠한 폭력에 대해서도 방관하지 않을 것이다.

3. 우리는 가족 내에서 소외되는 사람이 없도록 할 것이다.
4. 우리는 폭력을 보게 되면 누구라도 멈춰를 하고 가족회의를 한다.

우리 아이가 가해자일 때

"학교에서 보내온 안내장을 보고 왕따당하는 친구가 얼마나 아팠을까 생각하니 눈물이 났어. 너는 어떻게 생각하니?"

"친구를 왕따로 만드는 것은 절대 용납할 수 없는 일이야."

"네가 그 친구를 어떻게 왕따시켰는지 엄마한테 사실대로 말해주겠니? 그래야 그 친구를 어떻게 도울 수 있을지 방법을 찾을 수 있어. 그리고 네가 그 친구에게 진심으로 사과하고 용서를 받을 수 있도록 엄마, 아빠가 도와줄게."

❶ 왕따를 당하는 친구가 얼마나 아픈지 이야기하며 친구를 왕따로 만드는 일은 절대 용납할 수 없다는 분명한 메시지를 전합니다.

❷ 가족회의를 통해 폭력에 대처하는 가족 규칙을 만듭니다. 그리고 왕따 역할극을 하여 피해 아이의 입장에 공감하는 힘을 기릅니다.

❸ 아이의 친구관계, 생활에 관심을 가지고 가족과 함께하는 시간을 만듭니다.

❹ 담임교사, 학교장, 책임교사와 아이를 돕기 위한 협력 방안을 논의합니다.

❺ 피해 아이에 대한 사과, 보상에 능동적으로 임하여 부모로서 책임지는 모습을 보입니다.

우리 아이가 방관자일 때

"학교에서 보내온 안내장을 보고 왕따당하는 아이가 얼마나 힘들었을까 마음이 아팠단다. 네가 그 친구를 왕따시키는 데 어떤 역할을 했는지 궁금해."

"네가 눈치를 보며 전혀 돕지 못했는데 그건 방관한 거야. 만약 네가 그 친구처럼 왕따를 당하는데 너같이 행동하는 아이가 있다면 너는 그 아이를 어떻게 생각할까?"

"그렇지. 아마 차가운 얼음벽에 갇힌 느낌이었을 거야. 이제 어떻게 해야 할까? 엄마가 도와줄게."

❶ 아이에게 왕따가 발생하면 피해자를 제외한 전원이 가해자가 된다는 것을 이야기하고, 방관자도 가해자라는 분명한 메시지를 전합니다.
❷ 반 아이들이 왕따를 시키는 행동을 할 때 그 상황에 개입하는 구체적인 말이나 행동을 연습합니다("그만둬! ○○이가 너무 괴롭잖아.", "멈춰!"라고 말을 하거나 주변의 어른들에게 알린다 등).
❸ 가족회의를 통해 폭력에 대처하는 가족의 규칙을 만듭니다. 또한, 4대 규칙 중 주변의 어른들에게 알리는 규칙에 대한 깊은 토론을 합니다.
❹ 왕따당하는 아이를 집으로 초대하거나 함께 노는 방법을 가르쳐주

고 연습해서 아이가 방어자가 될 수 있게 격려합니다.

부모가 해서는 안 되는 말

"너도 다른 애들이랑 같이 괴롭혔니?"

"그래도 너는 절대로 하지 않았을 거야. 맞지? 엄마는 널 믿어."

이것은 아이를 탓하는 말입니다. 부모가 이런 말을 하면 아이는 부모의 요구와 기대에 따라 거짓말을 하기 마련입니다. 그리고 이러한 행동으로 인해 사태는 더욱 악화될 수 있습니다. 좋은 부모라면 사실을 그대로 인정하고 이를 교육의 기회로 삼아야 합니다.